面向蚕桑全产业链的多学科交叉融合新农科人才培养模式研究
教育部新农科研究与改革实践项目

助力蚕桑产业精准扶贫的农业硕士校所政企协同培养模式研究
（项目编号：2019－NYZD－05）
全国农业专业学位研究生教育指导委员会 2019 年研究生教育管理重点课题

双一流学科背景下行业特色型农学类研究生培养模式的改革与实践
（项目编号：JGZZ19_018）
江苏省研究生教育教学改革研究与实践课题重点项目

资助出版

面向蚕桑全产业链培养复合型创新人才的思考与实践

江苏科技大学生物技术学院 著

江苏大学出版社

镇江

图书在版编目(CIP)数据

面向蚕桑全产业链培养复合型创新人才的思考与实践/江苏科技大学生物技术学院著. — 镇江：江苏大学出版社，2021.3
ISBN 978-7-5684-1551-4

Ⅰ.①面… Ⅱ.①江… Ⅲ.①蚕桑业－人才培养－研究－中国 Ⅳ.①F326.5

中国版本图书馆 CIP 数据核字(2021)第 078660 号

面向蚕桑全产业链培养复合型创新人才的思考与实践
Mianxiang Cansang Quan Chanyelian Peiyang Fuhexing
Chuangxin Rencai de Sikao yu Shijian

著　者/江苏科技大学生物技术学院
责任编辑/张小琴
出版发行/江苏大学出版社
地　址/江苏省镇江市梦溪园巷 30 号(邮编：212003)
电　话/0511-84446464(传真)
网　址/http://press.ujs.edu.cn
排　版/镇江市江东印刷有限责任公司
印　刷/句容市排印厂
开　本/890 mm×1 240 mm　1/32
印　张/8
字　数/225 千字
版　次/2021 年 3 月第 1 版
印　次/2021 年 3 月第 1 次印刷
书　号/ISBN 978-7-5684-1551-4
定　价/46.00 元

如有印装质量问题请与本社营销部联系(电话：0511-84440882)

前　言

　　蚕桑产业是我国的传统产业，对推进"乡村振兴"战略和"一带一路"倡仪具有重要支撑作用。2001 年，我国唯一的国家级蚕桑科研单位——中国农业科学院蚕业研究所与江苏科技大学合并，并在此基础上成立生物技术学院。二十年来，学校不断融合发展，科研持续反哺教学，"蚕桑"已经成为江苏科技大学三大办学特色之一。

　　中国经济正在由高速发展向高质量发展转变，蚕桑产业发展也应从传统产业向现代产业转变。近年来，蚕桑产业呈现学科交叉范围广、知识技术更新快、产学研关联度高等特点，急需面向新时代蚕桑产业精准定位人才培养目标和优化培养模式。江苏科技大学生物技术学院坚持贯彻落实"立德树人"根本任务，主动适应蚕桑生物学发展新常态，坚持产学研协作，深化农科教融合，培养具有广视野、宽基础、强技能，知农、懂农、爱农的一流蚕桑人才，为新时代蚕桑产业发展、"乡村振兴"战略实施和生态文明建设提供强有力的人才支撑。

　　为了巩固和提升"蚕桑"生物学相关专业建设的成效，生物技术学院组织相关专家和专业建设主要参与人员编写了《面向蚕桑全产业链培养复合型创新人才的思考与实践》，完整构建了人才培养体系的新框架，进一步归纳总结了面向新时代蚕桑产业链培养复合型创新人才的模式改革和实践经验，为新时代"蚕桑"生物学相关专业人才培养模式改革提供了改革思路和理论依据。

　　本书全方位多角度阐述了 2001—2020 年江苏科技大学生物技术学院面向蚕桑全产业链培养复合型创新人才进行的改革与实践。全书包括七部分内容：第一章主要是对培养复合型创新人才的思考；第二章主要介绍人才培养模式改革方案；第三章主要讲述师资队伍建设；第四章主要讲述教学资源建设；第五章主要讲述实践教学改革；第六章主要阐述创新创业教育；第七章总结人才培养成效。通过多方面分析论述，完整地展示了江苏科技大学生物技术学院二十年的人才培养成果和成效。

本书由江苏科技大学生物技术学院老师合力撰写，其中，第一章由桂仲争执笔，第二章由黄金山执笔，第三章由吴琼英执笔，第四章由王娜执笔，第五章由陶士强、赵国栋执笔，第六章由邹金城、王荃执笔，第七章由邓祥元执笔。此外，还有一些老师也参与讨论。在此，向他们一并表示感谢！

由于编写时间比较仓促，加上编者水平有限，书中难免存在疏漏和不足之处，敬请读者批评指正。

季更生

2021 年 2 月 14 日

目　录

第 1 章　面向蚕桑全产业链培养复合型创新人才的思考

　　我国是蚕桑养殖的发源地，在 5000 多年的悠久历史中，诞生了栽桑养蚕、缫丝织绸等伟大发明与创造，体现出中华民族的勤劳与智慧。2000 多年前，汉武帝派遣张骞作为使者从长安出发，出使西域，带去丝绸等精美的中国手工制高品，开辟了最初的"丝绸之路"，中原文明也因此传播到世界各地。中国为世界各地民众带去的不仅是丝绸的物质享受，栽桑养蚕、缫丝织绸的生产技术和加工工艺，还带去了中华文化的熏陶。中国对世界蚕丝产业的发展乃至人类文明做出了重大贡献。

　　如今，"一带一路"（"丝绸之路经济带"和"21 世纪海上丝绸之路"）的重要倡议，是对古丝绸之路的传承和提升，已获得世界各国的广泛认可。相较于古丝绸之路，现在要建设的"一带一路"贯穿欧亚大陆，覆盖的地域更广阔，在政治、经济、文化交流与合作方面，其战略意义更加重大。蚕桑作为"一带一路"的核心元素，获得了难得的发展机遇，也肩负着重要的历史使命。

1.1　蚕桑产业在我国国民经济发展中的作用与地位

　　数千年来，中国"农桑并重"，蚕桑生产演绎了厚重的农业发展史，一直是世界上最大的茧丝生产和贸易国。但在 1909—1969 年间，中国的蚕桑产业发展不力，一度落后于日本。中华人民共和国成立后，蚕桑业得到了快速发展，中国蚕茧产量和生丝产量分别于 1971 年和 1977 年超过日本，再次成为世界上产量第一的大国。20 世纪 90 年代中期后，我国蚕茧产量和生丝产量占世界总产量的 70% 以上，绸缎总产量占世界总产量的 45% 以上。中国蚕茧、生丝及丝织物的价格走势主导着世界市场茧丝绸的价格走势，中国成为茧丝绸大国。中华人民共和国成立初期，茧丝绸业堪称中国的功勋产业，为国家创收了宝贵的外汇、积累了建设资金，做出了重大贡献。1949—1977 年，茧丝绸产品曾经是我国第二大出口创汇商品，累计出口创收外汇约 40 亿美元；1978—1995 年，茧丝绸产品累计出口创收外汇约 300 亿美元，为国家实行对外开放、提高对外支付能力做出了特殊贡献。

目前，我国蚕区遍布 26 个省（直辖市、自治区）的 1000 多个县（市），拥有 80 多万公顷桑园、1000 多万户蚕农。茧丝产量占世界总产量的 80% 左右，成为主导世界茧丝量的优势产业。蚕桑业是许多县（市）和乡镇农业发展、新农村建设、脱贫致富、农民增收的支柱或骨干产业，对弘扬中国蚕丝业历史文化发挥着积极且重要的作用。

据中国前瞻产业研究院发布的《中国茧丝绸行业需求调研与投资风险分析报告》和智研咨询发布的《2019—2025 年中国茧丝绸行业市场全景调研及投资前景预测报告》，2018 年全国桑园面积为 1184.9 万亩（约 80 万公顷），东、中、西部地区桑园面积占比分别为 16.2%、12.2% 和 71.6%；2018 年全国蚕茧收购量为 65.8 万吨，其中，广西壮族自治区占比为 49.45%，四川省占比为 12.62%。2018 年蚕茧平均收购价格为 2341 元/50 公斤，蚕农售茧收入 308.32 亿元，较上年增长 3.3%，创历史新高，蚕农收入持续增长。栽桑养蚕已成为西部地区脱贫致富、实现农民增收的支柱产业。

2018 年，我国规模以上企业生丝产量为 8.65 万吨，西部地区生丝产量占全国生丝产量的 66.2%。全国 711 家规模以上丝绸企业主营业务收入为 805.92 亿元，同比增长 0.5%，实现利润总额 35.44 亿元，较上年增长 2.2%。

长期以来，我国茧丝绸产品以出口为主，不仅是世界最大的

茧丝生产国，也是世界最大的茧丝绸商品出口国，我国的茧丝绸
出口在世界丝绸贸易中占据十分重要的地位。1978—2017 年，我
国丝绸出口额从 6.13 亿美元增加至 35.58 亿美元，累计出口
926.08 亿美元。近 10 年来，随着我国居民收入水平的提高和消
费结构升级，"互联网+丝绸"销售模式渐趋成熟，线下体验带动
线上消费快速增长，国内丝绸消费需求不断释放，以蚕丝被、丝
绸家纺、丝针织品、丝绸饰品、丝绸礼品为代表的丝绸产品逐渐
在国内市场走俏，内销比例逐步提高，2017 年内销比例达 60%。
中国已经成为世界最大的丝绸消费国。

1.2　我国现代蚕桑全产业链的形成与发展概况

　　在我国蚕桑产业既是历史悠久的古老传统产业，又不失为具
有广阔发展前景和强大生命力的特色产业。栽种桑树可以绿化环
境、净化空气、防风固沙、涵养水源。在蚕桑生产区，桑海无
边，绿野无垠，人们在获取种桑养蚕带来经济效益的同时，还享
受着桑园赐予的清新空气和恬静环境。桑树具有顽强的生命力和
适应性，山坡、丘陵、滩涂、沙壤地、盐碱地等都可以种植桑
树，所以，种桑养蚕可以做到不与棉粮争良田。丝绸以其雍容华
贵、光彩夺目、飘逸轻柔而被称为"纤维皇后"，又以其透气保
湿、抗菌护肤、滑爽舒适而被誉为"人体第二肌肤"。在蚕桑产
业链中，蚕桑的所有物质几乎可以做到"吃干榨净"的利用程
度，源自自然，回归自然。除桑叶可养蚕发展茧丝绸产业外，桑
叶、桑果、桑枝、桑皮、蚕蛹、蚕沙和废丝等都是宝贵的生物资
源。"没有夕阳产业，只有夕阳技术。"坚持不懈的科技创新，是
保证蚕桑产业可持续发展的动力源泉。
　　改革开放以来，以多元需求为导向，我国蚕桑产业经过蚕桑
副产物综合利用、蚕桑资源高效综合利用、蚕桑资源多元化利用
3 个发展阶段，推动着以蚕为中心的传统蚕桑产业链向以蚕、桑
为双中心的现代蚕桑产业体系转变。传统蚕桑生产的主产品是蚕

茧，目的产物是生丝。按桑园光合作用产生的干物质量计算，蚕茧和生丝只占蚕桑生产物质总量的 3%。据推算，生产 1 吨蚕茧能产出 3.3 吨蚕沙、0.67 吨蚕蛹及 16 吨桑枝，栽种果叶两用的桑树品种，桑果的产量可达 1000～1500 千克/亩。随着科技的进步和对蚕桑资源的研究不断深入，蚕桑资源在食品、保健品、医药、生物材料和生物技术等方面展示了广阔的前景。而随着蚕桑资源综合开发与多元化利用的加强，传统蚕桑产业链各个环节的各种副产品在药食用、新材料、美容护肤、饲料和文化生态等多用途方面获得开发和利用，蚕桑产业综合产值不断提高。蚕丝被、桑枝食用菌、桑叶茶、桑葚系列（饮料、酒、醋、果干等）、食用蚕蛹（蛹油和蛹蛋白质）、蚕蛹虫草、雄蛾酒、蚕沙叶绿素、桑枝地板、蚕丝护肤品等产品不断受到消费者的关注与喜爱。2015 年以来，果桑产业以桑葚、果桑园为依托，在全国各地出现了一、二、三产业融合发展的新景象。

　　根据国家蚕桑产业技术体系 2014 年初对全国 87 个蚕桑生产基地（县）的调查数据可知，2010—2013 年蚕桑资源多元化利用产值从 41.61 亿元增加至 71.28 亿元，增长了 71.30%。蚕桑资源多元化利用产值占蚕桑产业综合产值（即蚕茧产值和蚕桑资源多元化利用产值之和）的比例从 26.79% 上升至 31.54%，占蚕丝产业综合产值（即蚕茧产值、蚕桑资源多元化利用产值和丝绸工业产值三者之和）的比例从 13.12% 上升至 15.73%。2015 年 4 月，农业部种植业管理司对全国 18 个蚕桑生产省（区、市）的蚕丝被以外的 17 个蚕桑资源多元化利用项目的调查数据统计显示，2010—2014 年我国蚕桑资源多元化利用产值从 46.85 亿元增长到 77.14 亿元，增长了 64.65%；蚕桑资源多元化利用产值占蚕桑产业综合产值的比例从 19.75% 上升至 24.41%；我国蚕桑产业综合产值从 2010 年的 237.07 亿元增加至 2014 年的 316.02 亿元，增加了 33.30%。蚕桑产业综合产值不断提高，蚕桑产业不断做大做宽，蚕桑产业多元化发展初见成效。

1.3　我国蚕桑教育机构设置及人才培养的变化历程

中国蚕桑产业历经沧桑，但薪火相传，生生不息。蚕桑教育机构设置及人才培养的变化历程在一定程度上体现出产业发展的变化趋势。人才培养是蚕桑产业发展的根本保障。

自 1897 年杭州知府林迪臣在西湖创办"蚕学馆"以来，各主要蚕桑省区也先后办起了类似的蚕业教育机构，传授新的蚕桑学知识。20 世纪 20 年代初，广东岭南大学（1923）、国立东南大学（1921）、金陵大学（1917）、国立浙江大学（1921）、国立中山大学（1927）等相继成立蚕桑系，开始培养高级蚕桑专业人才。抗战期间，四川大学（1927）、中央艺术专科学校（1939）、云南大学（1938）亦增设蚕桑系（科）。中华人民共和国成立后，蚕业教育又有新的发展。到 20 世纪 80 年代中期，我国蚕桑产业已建成结构完整、实力较强的教育、科研、农业、工业体系。至 20 世纪 90 年代，我国已形成一批世界上最大规模的培养高级蚕桑专业人才的教育机构。例如，浙江农业大学、西南农业大学、华南农业大学、沈阳农业大学、安徽农业大学、山东农业大学、广西农业大学、河北林业大学、云南农业大学和苏州大学等10 所高校培养了大量蚕学专业的本科生和大专生，嘉兴农业学校（现名嘉兴职业技术学院）、盐城农业学校（现名盐城生物工程高等职业技术学校）和南充蚕桑学校（现名四川省服装艺术学校）等专科学校也培养了很多蚕桑技术人才。至 20 世纪 90 年代末，全国共有蚕业科研机构 25 个，其中国家级 1 个，省级 21 个，地（市）级 3 个。全国蚕业研究机构职工人数 4500 人，科技人员 1300 人。在茧丝绸领域，至 20 世纪 80 年代中期，全国设置丝绸工业专业方向的高等学校有华东纺织工学院（1985 年更名为中国纺织大学，1998 年更名为东华大学）、苏州丝绸工学院（1997 年并入苏州大学）、浙江丝绸工学院（2004 年更名为浙江理工大学）、丹东丝绸工业学校（以培养柞蚕丝绸技术人才为主）。这些院校培养了成千上万的毕业生，他们散布在全国各蚕桑生产基地、茧丝绸企业、事业单位、科研机构、大中专院校和相关管理机构工作，成长为我国蚕桑与丝绸生产、管理、科研和教育的骨干力量。

蚕业的劳动密集型和土地密集型的特点，决定了蚕业主产区随着经济体制改革、地区经济发展差异和产业结构调整呈现出"东桑西移"的格局；国民经济和对外贸易的快速发展，决定了蚕桑产业在国民经济和对外贸易中的地位不断下降，所占规模比例缩小。与此对应，我国的蚕桑教育和科研经历了 20 世纪八九十年代的辉煌。进入 21 世纪以来，由于体制和机制的原因，对蚕桑的投入减少，蚕桑专业教育和科研滑坡严重，从事蚕桑丝绸科研、专业教育、技术服务与推广及相关管理的人数急剧下降。近 10 年来，我国高等院校本科蚕桑专业由过去的 10 多个减少到 4 个（江苏科技大学、西南大学、华南农业大学、沈阳农业大学），年招生规模由 500 多人减少到不足 100 人。专业技术人才的匮乏进一步导致技术创新乏力，产业链的前端和后端的技术瓶颈亟待突破。

1.4 蚕桑产业发展对创新型人才培养的需求变化

中国经济正在由高速发展向高质量发展转变，蚕桑产业的发展也应从传统产业向现代化产业转变。蚕桑创新型人才的培养要迎合产业发展方向的需求，以谋求蚕桑产业高质量发展为宗旨，适应创新蚕业科技发展、变革生产方式、升级传统产业链及拓展新型产业链的新形势和新变化。

创新蚕业科技。以现代生物科技研究最新成果为基础，推动桑蚕资源的种质创新；以改良桑蚕品种为中心，创新优质、高产、高效、低耗的新型栽桑及养蚕综合配套技术；以转变蚕桑生产形式为目标，创新工程化、省力化和智慧化的蚕业生产方式，培养复合型专业人才，逐步使蚕桑生产从劳动密集型向知识密集型过渡。

变革生产方式。数千年来，"农桑并重"，蚕桑业有着厚重的发展历程。如今，蚕桑生产仍秉承传统的生产方式，而现代社会的农业生产却发生了翻天覆地的变化，规模化、集约化、省力化已成为现代农业的主旋律。新形势下，变革蚕桑生产方式势在必行。要把握好土地承包经营权的相关政策，进行合理流转，培育和扶持养蚕专业大户、家庭农场、专业合作社和龙头企业等新型蚕业经营主体，通过基地化、规模化、集约化生产和产业化经营，提高蚕桑生产效率，实现蚕桑生产的规模经济效益。改变传统的蚕茧生产方式，依托人工饲料、信息技术和人工智能，探索全龄人工饲料工厂化、智能化养蚕收茧和蚕沙再利用，摆脱季节和气候对养蚕的限制，在种（桑）、养（蚕）分离的基础上，实现蚕茧的规模化、标准化、集约化，常年滚动生产，让蚕茧从农产品转变为工业品。

升级传统产业链。传统的丝绸产品是以丝绸服装、被面、头巾、领带为主。近年来，不断开发的蚕丝被、丝绸家纺类产品丰富了丝绸产品的种类，开拓了丝绸产品的消费市场，成为丝绸产业发展的一个新亮点。市场竞争将不断推动茧丝绸行业内的优胜劣汰和产业集中度的提高，创新先进技术、创建影响力品牌、健全产业链等是提高企业核心竞争力，成为行业引领者的必由之路，技术创新促进传统产业链升级。"中国制造 2025" 及大数据、云计算、5G、人工智能等新技术的应用，为产业发展注入了革新的动力与手段。传统的茧丝绸产业链各环节只有通过不断的技术创新，提高生产效率，提升产品附加值和市场竞争力，才能使中国丝绸成为拥有核心技术和自主品牌的世界产品，在世界市场中拥有定价话语权。

拓展新型产业链。在传统的蚕、桑、茧丝资源综合开发和多元化利用的基础上，将蚕、桑、茧、丝资源向食药保健、生物材料、美容护肤等高新技术领域和大健康产业拓展，提高桑树生态、休闲、旅游等相关产业的发展水平。研究蚕桑产品精深加工利用技术，提高蚕桑产品的技术含量，集成、应用和推广蚕桑、茧、丝资源多元化利用技术，推进蚕桑新技术、新成果的市场化进程。提倡蚕桑产业链发展的开放与合作，吸引工商业资本和企业的介入，尤其是有实力的大型企业介入蚕桑各产业链的环节，构建产学研相结合的科技创新体制和机制。

1.5 新时代面向蚕桑全产业链创新型人才的培养

《国家中长期教育改革和发展规划纲要（2010—2020）》提出："培养创新型人才具有相当的重要性和紧迫性。"创新型人才培养是实现国家富强、民族振兴和人民幸福的迫切需要，已成为我国高等教育人才培养目的的主流价值取向。高等院校作为知识传播和知识创新的重要场所，是贯彻国家自主创新战略、建设创新型国家的重要力量，在建设创新型国家的过程中肩负着创新型人才培养的重大责任和使命。

1.5.1 创新型人才及其基本特征

对于创新型人才的概念，可谓"仁者见仁，智者见智"。但"具有创新意识、创造性思维和创新能力"是创新型人才的基本要求。

创新型人才的基本素质特征包括以下几个方面：一是有可贵的创新品质。创新型人才必须是有理想、有抱负的人，具备良好的献身精神和进取意识，具有强烈的事业心和历史责任感等创新品质。有为求真知、求新知而敢闯、敢试、敢冒风险的大无畏勇气，拥有强大的精神动力。二是有坚韧的创新意志。创新是一个探索未知领域和对已知领域破旧立新的过程，充满着各种阻力和风险，它要求创新型人才为了既定的目标始终坚持不懈地进行奋斗，锲而不舍，不断战胜创新活动中的种种困难，最终实现理想的创新效果。三是有敏锐的创新观察力。要实现突破性的发现，就要求创新型人才必须具有敏锐的观察能力、深刻的洞察能力、见微知著的直觉能力和一触即发的灵感顿悟，不断将观察到的事物与已掌握的知识联系起来，发现事物之间的联系，及时地发现别人没有发现的东西。四是有超前的创新思维。创新思维是创新的基本前提，创新型人才具备思维方式的前瞻性、独创性、灵活性等良好的思维品质，才能保证在对事物进行分析、综合和判断时做到独辟蹊径。五是有丰富的创新知识。创新是对已有知识的发展，它要求创新型人才的知识结构既有广度，又有深度。具有广博而精深的文化内涵，既要了解相邻学科及必要的横向学科知识，又要精通自己的专业并能掌握所从事学科专业的最新科学成就和发展趋势。六是有科学的创新实践。创新型人才必须具有严谨而求实的工作作风，严格遵循事物的客观规律，从实际出发，以科学的态度进行创新实践。

创新型人才的培养取决于创新教育，创新教育是高层次的素质教育，是以培养具有创新精神和创新能力为基本价值取向的教育。高等教育就是对创新人格和创新能力的培养。创新能力的形成是创新人才培养的目标，是从事创造性活动的内在动力。所以，高等学校不仅要重视对学生创新精神和创造能力的培养，更要重视创新人格的养成，引导学生站在时代和社会发展的前列去迎接各种挑战。

1.5.2　蚕桑全产业链创新型人才的基本素质

（1）以专业知识为主体，突出蚕桑特色

学生应在掌握蚕桑专业知识的基础上，贯穿动物学、植物学和微生物学理论知识体系，密切关注这三类学科体系之间的关联，创新知识，灵活运用相关学科知识解决蚕桑领域中的具体问题。在教学实践中将知识传授放在首要位置，以蚕桑专业知识为主体，融合其他学科知识，掌握科学、便捷地解决实际问题的方式方法。

（2）以全面发展为根本，突出复合型特色

学生的全面发展是人才培养的基础目标，教育的目的归根结底是为了学生自身独立地发展，创新型人才的培养目标必须坚持全面发展的原则，注重学生的身心、知识水平、品德修养和能力水平均衡发展，培养坚韧创新意志和创新思维，突出学生的复合型特色。

（3）以适应知识经济为方向，突出能力特色

培养蚕桑创新型人才不仅要使其具有必备的专业基础理论知识，还应当具有从事本专业实际工作的全面素质和综合职业能力，即胜任蚕桑生产、科技服务、产品深加工、技术研发、行业管理等工作的高级技术应用型人才。知识经济时代不仅需要人才德、智、体、美全面发展，而且要具有更宽的知识面，具备更强的技术转化与技术创新能力、群体合作能力、社会交往与社会服务能力、组织管理能力、吃苦精神，培养科学的创新实践精神，突出学生的能力特色。

（4）以品德教育为基准，突出素质特色

学生的行为是道德意识内容的外化，学生的品德教育是教育的重要环节。愿望、动机、情感、意志、信念、理想等因素及其相互关系构成从业人员道德意识的内部结构。增强对学生品德的教育，不仅要教育学生热爱蚕桑专业、献身蚕桑事业，更重要的是使学生认识到什么是责任。通过品德教育引导学生树立正确的道德标准，增强学生辨别是非的能力，培养创新品质，突出学生的素质与特色。

1.5.3　蚕桑全产业链创新型人才培养的基本模式

创新型人才培养是一个国家和民族教育的核心，加快知识创新和创新型人才培养，是推动我国现代化建设面临的一项十分紧迫而重要的战略任务。蚕桑全产业链创新型人才的培养需要突出自身专业特色，并结合蚕桑产业发展的实际，形成具有蚕桑特色的培养模式。

（1）教师与学生互动，创新教学模式

教师是培养创新型人才的关键因素，没有富有创新精神的教师，就不可能培养出创新型人才。以创新型教师为前提，带动创新型人才的培养。为此，必须高度重视师资队伍建设，加强创新型教师培养，逐步使他们具有较强的创新教育意识、创新教育观

念、良好的知识修养和合理的知识结构，以及较高的教学科研创新能力。教师要注重自身业务知识的学习与提高，掌握最新的科技发展信息和科研成果，并及时充实到教育内容中去。传统的蚕桑业需要新知识、新技术来升级和拓展，通过创新型教师的言传身教，把创新理念贯穿于教育过程的始终。通过先进的教学手段和巧妙的教学艺术，激发学生的学习兴趣，培养学生的自信、勇气和探索精神，启发他们的创新思维和创新行为。把蚕桑专业教学与相应的实验实践结合起来，引导学生积极参与到教师的教研活动中，使学生主动地、创造性地获得知识，提高能力。

创新型人才培养体系还应包括人文精神和科学精神的培养与熏陶，把蚕丝历史、蚕丝文化、蚕桑产业链及其应用价值等融入蚕桑创新型人才培养的过程中，在教学和科研实践中培养学生正确的人生观、价值观和科学观。

（2）课内与课外结合，创新学习形式

课内和课外是学校教育的两种基本形式。课内教育注重知识的系统性，是学生学习的主要渠道。课外教育是通过课外活动的开展，对侧重于理论应用和知识获取能力的培养，是对课内教育的强化和补充。蚕桑专业是知识与实践并重的学科，知识的传授以开放性、扩散性为主，坚持校内与校外相结合。以课内知识为基础，积极拓展课外知识尤其是相邻学科及必要的横向学科知识，创新学习形式，丰富知识范围与领域。

（3）理论与实践并重，创新实践机制

创新型人才必须具备扎实的专业理论基础，蚕桑全产业链创新型人才除了要掌握蚕桑专业知识外，还需要了解食品、医药、生物材料、生物技术等多学科的知识。以培养学生的好奇心、想象力、直觉和洞察力等为原则，优化课程体系和知识结构，拓宽知识面，加强实践环节教学，坚持按"理论与实践并重，知识与运用结合"的原则设计培养计划和教学方案；以培养学生的创新精神和解决实际问题的能力为根本出发点，通过教学—实践（基地、农户、企业等），教学—实践—教学，实践—教学—实践等多种形式，精心组织理论教学和实践教学并使之有机结合。

　　总之，培养创新型人才是一个综合的过程，是需要全社会共同构筑的系统工程。蚕桑全产业链创新型人才的培养，需要高等学校教育阶段的启发式教学，实现教学与科研融合是培养创新型人才的关键，悠久的蚕丝历史和卓越的文化氛围是保证人才健康成长的优良环境。

第 2 章 面向蚕桑全产业链复合型创新人才培养模式改革方案

江苏科技大学蚕学专业的前身是 1932 年在南京成立的中央农业实验所动物生产科蚕桑系。华东蚕业研究所于 1951 年成立，1957 年改称中国农业科学院蚕业研究所，是当时国内唯一的国家级蚕桑科研单位，也是全国最早培养蚕桑专业研究生的单位。中国农业科学院蚕业研究所于 1979 年开始招收硕士研究生，1986 年开始招收博士研究生。2001 年，中国农业科学院蚕业研究所与江苏科技大学合并，并于当年依托该所建立生物技术学院。2002 年江苏科技大学开始招收生物技术专业本科生，2005 年开始招收生物工程专业本科生；2004 年起招收特种经济动物饲养专业硕士研究生；2005 年，学院获批生物化学与分子生物学硕士点和农业推广（养殖领域）专业学位硕士点，于 2006 年开始招生；2007 年学校获得博士学位授权，2008 年开始招收培养特种经济动物饲养专业博士研究生，2011 年获得生物学一级学科硕士点，2018 年获批畜牧学一级学科博士学位授权。"十五"和"十一五"期间，江苏科技大学特种经济动物学科获批江苏省重点学科，"十二五"期间升格为江苏省畜牧学重点培育学科，并在"十二五"规划中将"船舶、蚕桑、国防"三大特色确定为将来的重点发展方向，提出"做强蚕桑、做大生物"的发展要求。为了充分发挥国家级研究所的科研和蚕学学科优势，学校在 2015 年开设蚕学本科专业，建立特种经济动物学科本、硕、博完整的人才培养体系。2019 年，教育部提出新农科概念和新农科建设的核心任务，要求设立新的农科专业或改造原有的农科专业，推进农科与理工文学科深度交叉融合，主动适应信息社会对人才需求的转变，对传统农林学科进行提档升级，这对学校蚕桑学科的发展建设提出了新要求。为了适应新农科建设要求，培养适合现代农业生产及信息社会需求，以及面向蚕桑全产业链的蚕学人才，学校蚕学及相关专业的人才培养模式改革与重构迫在眉睫。

2.1　指导思想

以习近平新时代中国特色社会主义思想为指导，紧紧围绕乡村振兴战略和生态文明建设，主动适应蚕桑生物学发展新常态，坚持产学研协作，深化农科教融合，面向全国，建设适应现代蚕桑产业发展的涉农、理专业，建设科教协同、产教融合、优势和特色明显的一流蚕桑专业，培养具有广视野、宽基础、强技能、懂农业、爱农村、爱农民的一流蚕桑人才，为现代蚕桑产业发展、乡村振兴战略实施和生态文明建设提供强有力的人才支撑。

2.2　培养目标定位

全面启动新农科建设，全面提高教师队伍能力与素质，经过5年的建设，建立具有蚕桑特色的多层次、多类型、多样化的高等农林教育体系和蚕桑人才培养模式，建成高水平线下线上、虚拟仿真、社会实践相结合的课程体系，培养创新型的学术性研究生、复合型的专业硕士研究生、应用型的本科生，以及掌握蚕桑生产关键技术的成人教育函授生等多类型多层次人才。

2.3　建设思路

本科生人才培养的建设思路总体以按需招生、大类培养、二次分流、弹性学制为指导。根据国内蚕桑行业发展及相关产业的需求情况及学生对专业的选择制定招生人数，动态调整专业人数，以保证满足社会需求。

在培养过程中，以大类培养为主，加强数理化通识教育，夯实基础课程学习，为后期生物学与其他学科的交叉融合奠定基础。大学一年级结束后根据学生意向选择专业。二年级是专业基础学习，以生物学基础课程为主，加强生物学核心课程体系建设，建立通识教育与专业教育相融合的人才培养体系，在全校范围内自由选课，学生根据自身需求在学院内部自由选择专业。三、四年级分专业学习，建设蚕学专业核心课程，并加强农科专业与工科、理科专业的交叉融合。

根据学生的学分完成情况选择弹性学制，学生在完成规定的学分和毕业设计（论文）后即可申请提前毕业。鼓励学生参与农业农村建设、农村扶贫工作、蚕桑行业生产工作，根据其参与时间，适当延长学制年限。

深化本科生导师制。本科生导师应做好学生学习、生活、情绪等的引导工作，注重学生的学术素养培养，引导学生积极参与导师科研工作，充分利用导师的科研资源和学术优势，提高学生的科研能力。

行业专家进课堂。邀请蚕桑产业的技术推广人员、行业管理人员、企业经理等各类优秀代表担任专业导师，通过讲座、座谈等形式开阔学生的视野，为他们指点人生、启迪智慧。

本硕博一体化贯通教育体系。根据通识教育的情况，结合学生志愿，在二年级选拔一定数量的学生攻读硕士学位，建设适应硕士培养的本科生课程，深化专业基础课学习，加强专业课程学习，免修硕士相关课程，实现高素质拔尖创新人才的培养模式。

加强线上课程建设。建设栽桑养蚕关键技术的网络课程和短视频资源库，让从事蚕桑及相关产业的工作人员通过相应课程的学习，掌握相应技术。在完成相关知识的测试后，他们便可获得函授证书，以适应蚕桑产业发展的需求。

2.4　本硕博人才培养方案

2.4.1　蚕学专业本科生培养方案

根据当前蚕桑发展对人才的需求，结合新农科建设的要求，构建蚕学培养方案。本方案注重基础课程的学习和学生实践能力的培养（其中实践性课程占比超过30%）；加深数理化基础教育，以工科的数理化课程学习为主，通过相关课程学习奠定坚实的理科基础；增加劳动实践课程，培养学生吃苦耐劳的精神。

2.4.1.1　培养目标

本专业培养适应新时代社会主义建设需要的，德、智、体、美、劳全面发展的，具备扎实数理化与生物学知识基础，具有广阔视野，掌握蚕学和现代生命科学技术基本理论、基础知识和基本技能，能在蚕桑产业和农林畜牧业相关领域从事生产经营、科学研究、教学、产品研发等方面工作的创新型、复合型、应用型专门人才。

2.4.1.2　毕业要求

学生应熟练掌握蚕桑专业的基本理论和基础知识，系统进行基础研究和应用研究方面的科学思维训练、实验实习操作训练和蚕桑创新创业训练，具有良好的科学思维和学术道德规范，以及一定的教学、科研、创新创业与管理能力。毕业生应达到以下几个方面的知识、能力和素质要求。

（1）知识结构

1）工具性知识

① 掌握一门外语，具有良好的口语表达、阅读与写作能力，能熟练运用外语进行交流。

② 掌握计算机基础知识和基本语言，能熟练运用计算机进行文档操作、文献检索、生物信息学分析，具有一定的编程能力。

2）人文社会科学知识

① 较好地掌握政治学、法学、军事学、心理学等方面的社会科学知识。

② 较好地掌握语言学、文学、伦理学、历史、艺术学、美学等方面的人文知识。

3）自然科学知识

① 具有扎实的数理化基本理论与基本知识。

② 具有扎实的生物学基本理论与基本知识。

4）专业知识

① 系统掌握家蚕饲养、繁育、病虫害防治等基本理论与基本知识。

② 系统掌握桑树栽培、繁育、病虫害防治等方面的基本理论与基本知识。

③ 掌握蚕桑相关产业的发展状况，了解蚕桑生物资源利用方面的基本知识。

（2）能力结构

1）终身学习的能力

① 具有良好的学习习惯，以及较强的自主学习和终身学习的能力。

② 具有文献检索、资料查询、信息处理、科学研究等拓展知识的能力，能不断适应职业发展的需求。

2）较强的管理与创新能力

① 具有较强的调查研究、组织管理和决策能力。

② 具有较强的口语表达能力、语言文字表达和写作应用能力。

③ 具有较强的社会适应能力，以及一定的创新创业能力等。

3）从事现代生命科学研究的基本能力

① 具有利用生物学基本知识分析和解释生命现象的能力。

② 具有利用数学等知识进行生物学实验设计及分析的能力。

③ 具有利用生物学知识进行基础研究及生产应用的能力。

4）从事蚕桑及相关产业的生产、管理、决策、服务的能力

① 具有从事蚕桑种质资源保存与繁育、蚕桑病虫害防控、茧丝加工与质量控制能力和优质高效安全生产的意识。

② 具有从事蚕桑农业技术推广、解决农业生产问题及服务"三农"的能力。

③ 具有动物保护意识、环境保护意识和蚕桑可持续发展的理念，以及从事蚕桑生物资源利用等创新创业的能力。

（3）素质结构

1）良好的思想道德素质

① 具有正确的政治方向，遵纪守法、诚信为人。

② 有较强的团队意识和健全的人格。

2）良好的文化素质

① 掌握一定的人文社会科学基础知识，具有良好的人文修养。

② 具有团队合作精神、健康的人际交往能力和国际化视野。

3）良好的专业素质

① 受过良好的科学思维和专业技能训练，掌握一定的科学研究方法，具有求实创新的意识和精神。

② 在蚕桑及相关领域具有一定的综合素质和解决蚕桑相关问题的能力。

4）良好的身心素质

① 具有健康的体魄，达到教育部规定的"国家学生体质健康标准"。

② 具有良好的心理素质和生活习惯。

2.4.1.3　主干学科与主要课程

主干学科：畜牧学、生物学。

专业核心知识领域：植物（桑树）生理、动物（家蚕）生理、动物（家蚕）遗传与育种。

专业核心课程：养蚕学、桑树学。

主要实践性教学环节：生物化学实验、分子生物学及基因工程实验、微生物学实验、遗传学实验、植物生理学实验、动物生理学实验、蚕体解剖实验、桑树育苗实习、桑园冬季管理实习、养蚕制种实习、蚕桑创新创业实践、茧丝加工生产实习、毕业设计等。

2.4.1.4　标准学制、毕业学分及授予学位

标准学制：四年。

毕业学分：在规定的学习年限内完成专业课程教学计划中规定的全部内容，修满要求的最低学分（172 学分），在德、智、体、美、劳等方面审查合格，准予毕业。

授予学位：满足《江苏科技大学学士学位授予工作实施细则》有关要求，授予农学学士学位。

2.4.1.5　课程设置

（1）通识教育类

要求修满 67 学分。

① 必修课：要求修满 53 学分（见表 2-1）。

表 2-1　通识教育类必修课学分要求

类别	课程名称	考核方式	总学分	总学时	开课学期	备注
思政	思想道德修养与法律基础	考查	3	48	1	
	马克思主义基本原理概论	考试	3	48	2	
	中国近现代史纲要	考试	3	48	2	
	毛泽东思想和中国特色社会主义理论体系概论 1-2	考试	5	80	3/4	2.5 学分/学期
	形势与政策 1-4	考查	1	32	2/4/6/8	
	形势与政策实践 1-4	考查	1	32	1/3/5/7	
素质拓展	心理健康教育	考查	1	16	1	
	职业生涯发展规划及就业指导	考查	1	16	3	
	创业基础	考查	1	16	6	

续表

类别	课程名称	考核方式	总学分	总学时	开课学期	备注
数学	高等数学1	考试	4	64	1	
	高等数学2	考试	4	64	2	
	线性代数	考试	2	32	3	
	概率论与数理统计	考查	3	48	4	
物理	大学物理	考查	3.5	56	2	
外语	综合英语1-4	考试	8	128	1-4	2学分/学期
军体	体育1-4	考试	4	144	1-4	1学分/学期
	军事理论	考查	2	36	1	
	军事技能训练	考查	2	3w	1	w表示"周"
计算机	计算机基础	考查	1.5	24	1	
合计			53	932+3w		

② 选修课：要求修满14学分。选修课包括社会科学、自然科学、人文艺术、工程技术、创新创业、英语拓展等6类选课模块。前5个模块要求各修满2学分，英语拓展类要求修满4学分。课程开设目录由学校统一公布。

（2）学科基础类

要求修满39.5学分。

① 必修课：要求修满23.5学分（见表2-2）。

表2-2　学科基础类必修课学分要求

类别	课程名称	考核方式	总学分	总学时	开课学期	备注
化学	无机及分析化学	考试	3.5	56	1	
	有机化学	考试	3	48	2	
	生物化学	考试	3	48	3	

类别	课程名称	考核方式	总学分	总学时	开课学期	备注
生物	微生物学	考试	2	32	3	
	昆虫学	考试	2	32	3	
	动物生理学	考试	2	32	4	
	植物生理学	考试	2	32	4	
	生态学基础	考试	2	32	5	
遗传	遗传学	考试	2	32	3	
	分子生物学	考试	2	32	4	
合计			23.5	376		

② 选修课：要求修满 16 学分（见表 2-3）。

表 2-3　学科基础类选修课学分要求

类别	课程名称	考核方式	总学分	总学时	开课学期	备注
生物	普通生物学	考查	2	32	5	
	细胞生物学	考查	2	32	5	
	植物营养学	考查	2	32	5	
	动物营养学	考查	2	32	5	
	生命科学前沿	考查	2	32	7	
	蛋白质工程与酶工程	考查	2	32	7	
	现代仪器分析	考查	2	32	5	
工程	农业工程学	考查	2	32	7	
	生物工程导论	考查	1	16	6	
数学	生物统计学	考查	2	32	5	
管理	农业经济与产业化经营	考查	2	32	7	
计算机	生物信息学概论	考查	2	32	5	
文学	文献检索与科技论文写作	考查	2	32	7	

（3）专业类

要求修满 20 学分。

① 必修课：要求修满 15 学分（见表 2-4）。

表 2-4　专业类必修课学分要求

类别	课程名称	考核方式	总学分	总学时	开课学期	备注
蚕	蚕体生理学	考试	2	32	4	
	家蚕饲养与良种繁育学	考试	3	48	5	
	家蚕病理学	考试	2	32	5	
	家蚕遗传育种学	考试	2	32	6	
桑	桑树栽培育种学	考试	2	32	6	
	桑树病虫害防治学	考试	2	32	7	
丝	茧丝学	考试	2	32	5	
合计			15	240		

② 选修课：要求修满 5 学分（见表 2-5）。

表 2-5　专业类选修课学分要求

类别	课程名称	考核方式	总学分	总学时	开课学期	备注
生物	专业课题研究训练	考查	2	32	6	
	蚕桑产品深加工利用	考查	2	32	7	
	蚕桑产业技术前沿讲座	考查	1	16	6	
工程	丝绸工程概论	考查	2	32	7	
经济	蚕丝文化与经济	考查	2	32	7	

（4）其他必修实践环节

要求修满 39.5 学分（见表 2-6）。

表 2-6 其他必修实践学分要求

实践环节名称	考核方式	总学分	总学时	开课学期	备注
生物化学实验	考查	1.5	24	3	
微生物学实验	考查	1.5	24	3	
植物生理学实验	考查	1.5	24	4	
遗传学实验	考查	1.5	24	3	
动物生理学实验	考查	1	16	4	
蚕体解剖生理实验	考查	1.5	24	4	
分子生物学及基因工程实验	考查	2	32	4	
桑树育苗实习	考查	1	1w	6	w 表示"周"
桑园冬季管理实习	考查	1	1w	7	
养蚕制种实习	考查	8	8w	6	
蚕桑创新创业实践	考查	4	4w	7	
茧丝加工生产实习	考查	1	1w	7	
毕业设计（论文）	考查	14	14w	8	
合计		39.5	168+29w		

（5）第二课堂

要求修满 6 学分。

第二课堂活动是人才培养的重要环节，在培养学生创业意识、创新精神和实践能力，提高学生自主学习能力、组织活动能力、专业素养等方面发挥着重要作用。

第二课堂活动分为创新研究、社会实践、人文艺术体育三类（见表 2-7）。学生在第二课堂修满 6 学分的同时，还应满足以下基本要求：在创新研究方面，至少参加 1 个创新创业训练项目或创新型开放选修实验或教师科研课题，至少参加 1 次学科竞赛、1 个科技社团活动；在社会实践方面，至少参加 1 次社会实践；

在人文艺术体育方面，平均每学期至少听 1 次高质量的学术讲座、阅读 1 本书（四学年中至少阅读 1 本中国优秀传统文化方面的书籍）。

表 2-7　第二课堂学分要求

	课程名称	学分
第二课堂	创新研究类	2
	社会实践类	2
	人文艺术体育类	2
	小计	6

学生参加第二课堂活动的成绩评定采用等级记分制，根据学生参加活动项目的对应累计分值确定总评成绩。学生参加第二课堂活动的评定成绩以"实践能力与素质拓展"的科目名称记入学生成绩档案，成绩及格及以上者获得相应学分。具体详见《江苏科技大学本科培养方案第二课堂要求选修学分评定管理办法》（江科大校〔2013〕199 号）。

2.4.1.6　主要课程图谱

主要课程图谱如图 2-1 所示。

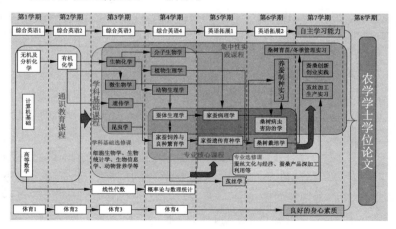

图 2-1　主要课程图谱

2.4.1.7　课程类别学分学时统计

（1）按课程模块统计

统计结果见表 2-8。

表 2-8　按课程模块统计学分学时

课程类别			统计项目		
			要求修满学分	占总要求学分的比例	学时
理论教学	通识教育课程	必修	50	29.07%	900
		选修	14	8.14%	224
		小计	64	37.21%	1124
	学科基础课程	必修	23.5	13.66%	376
		选修	16	9.31%	256
		小计	39.5	22.97%	632
	专业课程	必修	15	8.72%	240
		选修	5	2.91%	80
		小计	20	11.63%	320
	合计		123.5	71.81%	2076
集中实践性环节（含不以周安排的独立实验）		必修	42.5	24.71%	200+32w
第二课堂		选修	6	3.49%	按 6w 计
总计			172	100.00%	2276+38w

注：必修课要求修满 137 学分，选修课要求修满 35 学分，w 表示"周"。

（2）按课程类型统计

数学与自然科学类课程共计 18 学分，占总学分的比例为 10.47%；化学基础、专业基础、专业类课程共计 59.5 学分，占总学分的比例为 34.59%；实践教学与毕业设计共计 42.5 学分，占总学分的比例为 24.7%；人文社会科学类课程共计 46 学分，占总学分的比例为 26.75%；第二课堂 6 学分，占总学分的比例为 3.49%。

2.4.2　生物工程专业本科生培养方案

生物工程专业以专业认证为导向，遵循工程教育专业认证的理念和标准，按照生物工程类教学质量国家标准，突出实践创新能力的培养，强化科学思维能力，体现蚕桑特色和生物制药特色，增加实践类教学（达到 29% 左右），提高学生的动手能力。

2.4.2.1　培养目标

本专业培养德、智、体、美、劳等综合素质全面发展，掌握系统的生物科学知识和工艺、工程设计知识及创新能力，掌握生物工程技术及其产业化的科学原理、工艺技术过程和工程设计等的基础理论、基本技能，能在基因工程产品、生物制药等生物工程相关领域从事现代生物产品研发、过程设计、生产与管理的应用型高级工程技术人才。

2.4.2.2　毕业要求

（1）工程知识

能够将数学、自然科学、工程基础和专业知识用于解决生物工程领域的复杂工程问题。

① 能够将数学基本理论和基本方法用于实际生物工程问题的建模、推演和求解。

② 能够应用物理、化学、生物学等自然科学的基本理论和基本方法分析复杂的生物工程问题。

③ 能够将工程专业知识用于生物工程问题的表述。

④ 能够将工程基础的相关知识和数学模型方法应用于生物专业工程问题解决方案的比较与综合。

（2）问题分析

能够应用数学、自然科学和工程科学的基本原理，识别、表达，并通过文献研究分析复杂的生物工程问题，获得有效的结论。

① 能基于自然科学、工程科学原理和数学模型方法正确表达复杂的生物工程问题。

② 具有分析问题所需的自然科学和工程科学的基本原理相关知识，能知道解决问题有多种方案可选择，会通过文献研究寻求可替代的解决方案。

③ 能运用相关科学原理，识别和判断生物产品在生产过程中复杂工程问题的关键环节。

④ 能运用基本原理，借助文献研究，分析生物产品生产过程中的影响因素，并获得有效结论。

（3）设计/开发解决方案

能够设计针对复杂工程问题的解决方案，设计满足特定需求的生物反应系统、单元（部件）或工艺流程，并能在设计环节中体现创新意识，考虑社会、健康、安全、法律、文化及环境等制约因素。

① 掌握生物产品相关工程设计和产品开发全周期、全流程的基本设计/开发的方法和技术，了解影响设计目标和技术方案的各种因素。

② 能够针对特定需求，完成生物反应单元（部件）、系统或工艺流程设计，并在设计中体现创新意识。

③ 在设计中能够考虑安全、健康、法律、文化及环境等制约因素。

（4）研究

能够基于科学原理并采用科学方法对复杂生物工程问题进行研究，包括设计实验、分析与解释数据，并通过信息综合得到合理有效的结论。

① 能够基于科学原理，通过文献研究或相关方法，调研和分析复杂工程问题的解决方案。

② 能够根据对象特征，选择研究路线，独立完成实验方案设计。

③ 能够根据实验方案构建实验系统，安全地开展实验，正确地采集实验数据，并能对实验结果进行分析和解释，通过信息综合得到合理有效的结论。

（5）使用现代工具

能够针对生物产品生产过程中的复杂工程问题，开发、选择与使用恰当的技术、资源、现代工程工具和信息技术工具，包括对复杂生物工程问题的预测与模拟，并能够理解其局限性。

① 了解生物工程专业常用的现代仪器、信息技术工具、工程工具和模拟软件的使用原理和方法，并理解其局限性。在此基础上选择与使用恰当的仪器、信息资源、工程工具和专业模拟软件，对复杂工程问题进行分析、计算与设计。

② 能够针对具体的对象，开发或选用满足特定需求的现代工具，模拟和预测专业问题，并分析其局限性。

（6）工程与社会

能够基于工程相关背景知识进行合理分析，评价生物工程、专业工程实践和复杂工程问题的解决方案对社会、健康、安全、法律及文化的影响，并理解应承担的责任。

① 了解生物工程专业相关领域的技术标准体系、知识产权、产业政策和法律法规，理解不同社会文化对工程活动的影响。

② 能分析和评价专业工程实践对社会、健康、安全、法律、文化的影响，以及这些制约因素对项目实施的影响，并理解应承担的责任。

（7）环境和可持续发展

能够理解和评价复杂生物工程问题的专业工程实践对环境、社会可持续发展的影响。

① 知晓和理解环境保护和可持续发展的理念和内涵。

② 能够站在环境保护和可持续发展的角度思考生物工程专业工程实践的可持续性，评价产品周期中可能对人类和环境造成的损害和隐患。

（8）职业规范

具有人文社会科学素养、社会责任感，能够在生物工程实践中理解并遵守工程职业道德规范，恪守工程伦理，履行责任。

① 具有正确的社会主义核心价值观，理解个人与社会的关

系，了解中国国情。

② 理解诚实公正、诚信守则的工程职业道德和规范，并能在工程实践中自觉遵守；理解身为一名从事生物工程研究的工程师对公众的安全、健康和福祉，以及环境保护的社会责任，能够在工程实践中自觉履行责任。

（9）个人和团队

在多学科背景下的团队中承担个体、团队成员及负责人的角色。

① 能够与其他学科的成员有效沟通，合作共事。

② 能够在团队中独立或合作开展工作，甚至能够组织、协调和指挥团队开展工作。

（10）沟通

就生物工程领域的复杂工程问题与业界同行及社会大众进行有效的沟通和交流，包括撰写报告和设计文稿、陈述发言、清晰表达或回应指令等，并具备一定的国际视野，能够在跨文化背景下进行基本的沟通和交流。

① 能就生物工程专业问题，以口头、文稿、图表等方式，准确表达自己的观点，回应质疑，理解与业界同行和社会公众交流的差异性。

② 了解专业领域的国际发展趋势和研究热点，理解和尊重世界不同文化的差异性和多样性；具备跨文化交流的语言和书面表达能力，能就专业问题在跨文化背景下进行基本的沟通和交流。

（11）项目管理

理解并掌握工程管理原理与经济决策方法，并能在多学科环境中应用。

① 了解工程及产品全周期、全流程的成本构成，理解其中涉及的工程管理与经济决策问题，掌握工程项目中涉及的管理与经济决策方法。

② 能在多学科环境下（包括模拟环境）、在设计开发解决方案的过程中，运用工程管理与经济决策方法。

（12）终身学习

具有自主学习和终身学习的意识，以及不断适应发展的能力。

① 能在社会发展的大背景下，认识到自主学习和终身学习的必要性。

② 具有自主学习的能力，包括对技术问题的理解能力、归纳总结能力和提出问题的能力等。

（13）身心素质

具有健康的体魄和健全的心理，能够适应企事业单位生物工程实践活动的工作环境。

① 掌握必要的康复保健基本知识和运动基本技能，能运用科学的锻炼手段与方法增强体质、增进健康，养成自觉锻炼身体的习惯。

② 掌握心理健康的基本知识，理解心理健康的标准及意义，具有自我认知和自我调节的能力。

2.4.2.3　主干学科与主要课程

主干学科：生物工程。

专业核心知识领域：生命的化学基础，细胞的结构、功能及重要生命活动，生物体的结构功能及生物多样性，微生物的特征与代谢，生物与环境，化工原理，生物工程的原理与应用。

专业核心课程：生物化学、工业微生物学、生物反应与分离工程、发酵与代谢工程、生物工程设备。

双语教学课程：分子生物学。

主要实践性教学环节：物理实验、工程认知实践、电工电子技术实验、认识实习、生产实习、细胞生物学实验、工业微生物学实验、生物化学实验、生物反应与分离工程实验、生物工程迷你工厂生产实践、毕业小设计和毕业设计（论文）。

2.4.2.4　标准学制、毕业学分及授予学位

标准学制：四年。

毕业学分要求：在规定的学习年限内完成专业课程教学计划

中规定的全部内容，修满要求的最低学分（177 学分），经德、智、体、美、劳等方面审查合格，准予毕业。

授予学位：满足《江苏科技大学学士学位授予工作实施细则》有关要求，授予工学学士学位。

2.4.2.5　课程设置

（1）通识教育类

要求修满 78 学分。

① 必修课：要求修满 64 学分（见表 2-9）。

表 2-9　通识教育类必修课学分要求

类别	课程名称	考核方式	总学分	总学时	开课学期	备注
思政	马克思主义基本原理概论	考试	3	48	2	
	中国近现代史纲要	考试	3	48	1	
	毛泽东思想和中国特色社会主义理论体系概论 1-2	考试	5	80	3/4	2.5 学分/学期
	思想道德修养与法律基础	考查	3	48	1	
	形势与政策 1-4	考查	1	32	1/3/5/7	
	形势与政策实践 1-4	考查	1	32	2/4/6/8	
素质拓展	心理健康教育	考查	1	16	1	
	职业生涯发展规划及就业指导	考查	1	16	4	
	创业基础	考查		16	6	
	信息技术基础及其高级应用	考试	4.5	72	2	
数学	高等数学 A1	考试	5	80	1	
	高等数学 A2	考试	6	96	2	
	线性代数	考试	2	32	3	
	概率论与数理统计	考试	3	48	4	

类别	课程名称	考核方式	总学分	总学时	开课学期	备注
物理	大学物理1	考试	3.5	56	2	
	大学物理2	考试	2.5	40	3	
	物理实验1	考查	1	16	2	
	物理实验2	考查	1.5	24	3	
外语	综合英语1-4	考试	8	128	1-4	2学分/学期
军体	体育1-4	考试	4	144	1-4	1学分/学期
	军事理论	考查	2	36	1	
	军事技能训练	考查	2	3w	1	w表示"周"
合计			64	1108+3w		

② 选修课：要求修满14学分。

选修课包括人文艺术、社会科学、自然科学、工程技术、创新创业和英语拓展6类选课模块。前5个模块要求各修满2学分，英语拓展类要求修满4学分。课程开设目录由学校统一公布。

（2）学科基础类

要求修满42学分。

① 必修课：要求修满34学分（见表2-10）。

表2-10　学科基础类必修课学分要求

类别	课程名称	考核方式	总学分	总学时	开课学期	备注
机械	工程图学	考查	2	32	3	
	工程认知实践	考查	1	1w	3	w表示"周"
电子	电工电子技术	考试	2	32	5	
	电工电子技术实验	考查	1	16	5	

类别	课程名称	考核方式	总学分	总学时	开课学期	备注
化学	无机及分析化学	考试	3.5	56	1	
	有机化学	考试	3	48	2	
	物理化学	考试	3.5	56	3	
	化工原理	考试	4	64	4	
生物	生物化学	考试	3	48	3	
	生物化学实验	考查	2	32	3	
	普通生物学	考查	2	32	3	
	细胞生物学	考查	2	32	3	
	细胞生物学实验	考查	1.5	24	4	
	工业微生物学	考试	2	32	4	
	工业微生物学实验	考查	1.5	24	4	
合计			34	528+1w		

② 选修课：要求修满 8 学分（见表 2-11）。

表 2-11　学科基础类选修课学分要求

类别	课程名称	考核方式	总学分	总学时	开课学期	备注
生物	生物工程导论	考查	1	16	2	
	生物伦理学	考查	1	16	4	
	生态学基础	考查	2	32	5	
	生物资源开发利用	考查	2	32	5	
	生物统计学	考查	2	32	5	
	分子生物学	考查	2	32	5	
	遗传学	考查	2	32	5	
仪器	现代仪器分析	考查	2	32	5	
	化工自动化及仪表	考查	2	32	5	

（3）专业类

要求修满 32 学分。

① 必修课：要求修满 18 学分（见表 2-12）。

表 2-12　专业类必修课学分要求

类别	课程名称	考核方式	总学分	总学时	开课学期	备注
环保	生物企业环保与安全管理	考查	2	32	5	
工程	生物反应与分离工程	考试	3.5	56	5	
	生物反应与分离工程实验	考查	2.5	40	5	
	发酵与代谢工程	考试	3	48	6	
	应用生物催化	考查	2	32	7	
	生物工程迷你工厂生产实践	考查	3	3w	6	w 表示"周"
设备	生物工程设备	考查	2	32	7	
合计			18	240+3w		

② 选修课：要求修满 14 学分（见表 2-13）。

表 2-13　专业类选修课学分要求

类别	课程名称	考核方式	总学分	总学时	开课学期	备注
蚕桑	蚕桑产业技术前沿讲座	考查	1	16	6	
	蚕桑产品深加工利用	考查	2	32	7	
生物	基因工程	考查	2	32	6	
	生物材料学	考查	2	32	6	
	生物信息学概论	考查	2	32	6	
	细胞与组织工程	考查	2	32	6	
	生物工程技术前沿专题	考查	1	16	6	
	合成生物学	考查	2	32	7	
	蛋白质工程与酶工程	考查	2	32	6	
	专业英语	考查	2	32	7	

续表

类别	课程名称	考核方式	总学分	总学时	开课学期	备注
制药	药剂学	考查	2	32	6	
	药理学	考查	2	32	6	
	药物分析与检测	考查	2	32	7	
	生物制药（品）学	考查	2	32	7	
工程	产业教授进课堂	考查	1	16	7	
	生物工程实训理论与实践	考查	1	16	7	

（4）其他必修实践环节

要求修满 19 学分（见表 2-14）。

表 2-14　其他必修实践学分要求

实践环节名称	考核方式	总学分	总学时	开课学期	备注
*认识实习	考查	1	1w	3	
*生产实习	考查	3	3w	7	
毕业小设计	考查	3	3w	8	
毕业设计（论文）	考查	12	14w	8	
合计		19	21w		w 表示"周"

注："＊"表示企业化实践或社会实践教学环节。

（5）第二课堂

要求修满 6 学分。

第二课堂活动是人才培养的重要环节，在培养学生创业意识、创新精神和实践能力，提高学生自主学习能力、组织活动能力、专业素养等方面发挥着重要作用。

第二课堂活动分为创新研究、社会实践、人文艺术体育三类（见表 2-7）。学生在第二课堂满足 6 学分的同时，还应满足以下基本要求：在创新研究方面，至少参加 1 个创新创业训练项目或创新型开放选修实验或教师科研课题，至少参加 1 次学科竞赛、1 个科技社团活动；在社会实践方面，至少参加 1 次社会实践；在人文艺术体育方面，平均每学期至少听 1 次高质量的学术讲座、阅读 1 本书（四学年中至少阅读 1 本中国优秀传统文化方面的书籍）。

学生参加第二课堂活动的成绩评定采用等级记分制，根据学生参加活动项目的对应累计分值确定总评成绩。学生参加第二课堂活动的评定成绩以"实践能力与素质拓展"的科目名称记入学生成绩档案，成绩及格及以上者获得相应学分。具体详见《江苏科技大学本科培养方案第二课堂要求选修学分评定管理办法》（江科大校〔2013〕199 号）。

2.4.3　生物技术专业本科生培养方案

生物技术是江苏科技大学最早设立的生物学专业，过去其培养方案中的实践教学环节有些欠缺或设计不合理，课程体系设计不够，部分教学内容没有体现学科优势和特色，需要与时俱进。根据生物科学类教学质量国家标准，为了充分体现学校的蚕桑特色，需对培养方案进行相应的修改。

2.4.3.1　培养目标

本专业旨在培养具有良好的政治素养、身心素质和道德修养，具有数、理、化及信息学等相关基础知识，系统掌握现代生物学和生物技术的基本理论、基本知识和技能，获得研究科学的初步训练，熟悉生物技术及其产业相关方针、政策及法规，具有良好的科学素养及一定的创新创业能力，能够在生物医药、食品、现代农业等生物高新技术产业及相关领域从事新产品研发与生产、新技术开发及应用等工作的高级专业人才。

2.4.3.2　毕业要求

（1）知识结构

1）通识类知识

具备一定的人文社会科学、外语、计算机、信息技术、体育、艺术等通识基础知识，拥有更加均衡的知识结构和更广阔的视野。

① 人文社会科学：要求本专业学生具备政治、历史、哲学、社会学、法律等方面的基本知识，在基础教育所达到的知识水平上实现进一步的提升。

② 体育、艺术：掌握必要的运动技能和科学的锻炼方法，具备一定的艺术素养和审美意识。

③ 计算机、信息技术：掌握计算机和信息技术基础知识和基本技能，了解计算机在生命科学中的应用，能够熟练使用办公软件及科学研究所需的常用软件。

④ 外语：至少熟练掌握一门外语，能够将其应用于日常学习、工作和社会交往，能够有效地进行跨语言、跨文化的信息交流。

2）学科基础知识

掌握本专业所需的数学、物理、化学和生物学基础理论、基本知识和基本技能，为专业知识的学习打下坚实基础。

① 数学：掌握高等数学基本概念、基本理论和基本方法，并能将其应用于实际问题的建模和求解中。

② 自然科学：要求学生掌握本专业所需的物理、化学等自然科学基本理论、基本知识和技能，提升观察和逻辑推理能力。

③ 实验研究基础：具备化学、生物学的基本实验操作技能，掌握科学实验（研究）方法论。

3）专业知识

完整掌握生物技术专业核心的知识体系，掌握扎实的生物科学知识。理解生物科学认识世界的基本思路和方法，正确认识生物科学作为现代生活物质基础学科的重要性和潜在的发展能力。

① 生命科学基础：具备扎实的植物学、动物学等基础生物学知识，以及生物化学、分子生物学、细胞生物学、生理学等现代生物学基础知识。

② 生物技术基础：深入理解生物技术原理，掌握生物技术研究方法，熟练掌握相关课程的实验技能，以及生物学实验数据处理和分析方法，并能应用生物技术研究方法解决一些实际问题。

③ 生物技术应用：了解和掌握生物技术在生物医药、食品、农业等领域的应用，接触并了解本领域发展前沿。

（2）能力结构

1）获取知识和分析问题的能力

理解并掌握生物技术专业的基本理论、基本知识，并能在具体实践中灵活地应用。掌握独立自主的学习方法，具备独立思考和独立判断的能力，能够依靠自己的独立思维分析问题和解决问题。

① 能够综合运用生物化学、分子生物学、微生物学、基因工程、细胞工程等方面的基本理论、基本知识和基本实验技能，能分析和解决生物技术相关领域的科研、应用与开发中遇到的问题。

② 掌握资料查询、文献检索及运用现代信息技术获取相关信息的基本方法；具有不断拓展专业知识领域和专业技能，主动获取生物技术领域新知识、新技术并应用于实践的能力。

③ 熟悉国家生物技术产业政策、知识产权及生物工程安全条例等有关政策和法规；善于了解生物技术的理论前沿、应用前景和最新发展动态，以及生物技术产业发展状况。

④ 能够应用外语工具学习国外先进的知识和技术，并将其应用于生物技术相关领域的科研、应用与开发。

2）创新与研究能力

具有团队合作精神和创新意识，能够基于生物技术及相关领域的理论知识并采用科学的方法开展创新型研究，包括具有一定的实验设计、资料收集、结果分析、论文撰写及学术交流的能力。

① 掌握常用的生物技术理论和方法，根据企业的发展战略和经营管理需求，积极应用生物技术的方法与手段解决粮食、健康、环境、能源及生物制药（基因重组药物）领域面临的专业技术问题。

② 理解研究方法的科学性与局限性、研究成果的可靠程度与

适用范围，能够将批判性思维和创新意识应用于生物技术问题的发现、分析和解决，能够在生物技术及相关领域发展中获取新的信息和技术，并在此基础上进行创新型研究。

③ 具有独立、清晰的科学思维意识，具备初步的科学研究能力，能够在研究过程中大胆假设、敢于尝试、坚持不懈。

④ 能够运用计算机进行资料查阅、试验设计、数据分析、图表绘制、论文撰写等初步的科研能力。

3）沟通、交流与协调能力

能够与业界同行及社会公众进行有效的沟通和交流，妥善协调处理好各种关系，具备良好的表达理解能力、人际融合能力和解决问题的能力。

① 具有较强的应用语言、文字和网络等渠道进行沟通和表达的能力，能够较好地完成日常办公事务。

② 具有良好的团队协作精神，理解个体与团队的关系，能够与团队其他成员分工协作共同完成团队目标，并能协调处理合作与竞争中面临的问题。

4）终身学习和社会适应能力

具有终身学习能力，能够不断学习新的知识和技能，并能够将所学理论知识及具备的综合能力应用于融入社会和适应社会的发展。

① 正确认识和理解终身学习的重要性，能够将终身学习的能力应用于专业领域的新知识的获取。

② 建立并积累良好的社会关系网络，能够形成应对危机或突发事件的初步能力以适应快速发展变化的社会环境。

③ 增强个人的心理素质，培养良好的心理状态，能够在困境和挫折面前及时调整自己，善于排解压力、消除负面情绪，以积极的心态面对生活中的困难和挑战。

（3）素质结构

1）思想品德素质

具有较高的政治理论素质和思想认识水平，有正确的政治方向；有坚定的政治信念；遵守国家法律和校规校纪，能够树立正确的人生观、世界观和价值观，成为合格的社会主义事业建设者和接班人。

① 能够积极参加社会公益组织、志愿者服务等社会实践活动，在实践活动中树立正确的人生观、价值观，提高自身的社会公德素养。

② 深刻理解社会主义核心价值观的内涵和意义，能够正确处理个人发展与社会发展之间的关系，树立坚定的民族自尊心、自信心和自豪感，自觉维护国家利益和民族尊严。

2）文化素质

具备较完备的知识结构，具有大容量的新知识储备，能够适应现代科学技术突飞猛进和生产发展对智力的需要。

① 具有开阔的学科视野和较高的综合文化修养，能够对自己所掌握的知识进行合理组合、恰当调配，以完善知识体系。

② 对自然、科学、社会生活和艺术具有一定的鉴赏能力，拥有高尚的生活情操，能够不断提高自己的文化品位、审美情趣、人文素养和科学素质。

3）专业素质

具备牢固扎实的专业理论知识和专业技能，能够运用专业知识对生产实践中的问题做出及时有效的分析。

① 熟练掌握专业知识和技能，具备良好的专业素养和职业道德，能够将专业知识与技能应用到具体工作实践中。

② 具有自主学习、持续提升、不断拓宽专业领域的专业素质，不断提高自身竞争力以适应个人或职业发展的需求。

4）身心素质

具有良好的身体和心理素质，有切合实际的生活目标和个人发展目标，能正确地看待现实，主动适应现实环境；有正常的人际关系和团队精神，积极参加体育锻炼和学校组织的各种文化体育活动，达到大学生体质健康合格标准。

① 能运用科学的锻炼手段与方法增强体质，养成自觉锻炼身

体的习惯；养成健康的饮食、卫生等生活习惯，能够适应激烈的竞争以及快节奏的生活和工作。

② 掌握心理健康的基本知识，理解心理健康的标准及意义，具有自我认知和自我调节能力。能够正确评价自我，能够以良好的心理素质去面对挫折、迎接挑战。

2.4.3.3　主干学科与主要课程

主干学科：生物学。

专业核心知识领域：生命的化学基础，细胞的结构、功能与重大生命活动，生物体的结构、功能及生物多样性，微生物的特征与代谢，生物与环境，生物的遗传，生物技术的原理与应用。

专业核心课程：生物化学、细胞生物学、分子生物学、微生物学、基因工程、生物信息学概论。

双语教学课程：分子生物学、生物化学、基因工程。

主要实践性教学环节：形势与政策实践、军事技能训练、植物学实验、动物学实验、生物化学实验、微生物学实验、细胞生物学与遗传学实验、分子生物学与基因工程实验、现代生物技术创新实验、食品营养与安全控制实验、生物药物检测与分析实验、认识实习、生产实习、毕业设计（论文）等。

2.4.3.4　标准学制、毕业学分及授予学位

标准学制：四年。

毕业学分要求：在规定的学习年限内完成专业课程教学计划中规定的全部内容，修满要求的最低学分（172 学分），经德、智、体等方面审查合格，准予毕业。

授予学位：满足《江苏科技大学学士学位授予工作实施细则》有关要求，授予理学学士学位。

2.4.3.5　课程设置

（1）通识教育类

要求修满 68.5 学分。

① 必修课：要求修满 54.5 学分（见表 2-15）。

表 2-15　通识教育类必修课学分要求

类别	课程名称	考核方式	总学分	总学时	开课学期	备 注
思政	马克思主义基本原理	考试	3	48	2	
	中国近现代史纲要	考试	3	48	1	
	毛泽东思想和中国特色社会主义理论体系概论 1-2	考试	5	80	3/4	2.5 学分/学期
	思想道德修养与法律基础	考查	3	48	1	
	形势与政策 1-4	考查	1	32	1/3/5/7	
	形势与政策实践 1-4	考查	1	32	2/4/6/8	
素质拓展	心理健康教育	考查	1	16	1	
	职业生涯发展规划及就业指导	考查	1	16	4	
	创业基础	考查	1	16	6	
数学	高等数学 A1	考试	4.5	72	1	
	高等数学 A2	考试	4.5	72	2	
物理	大学物理 1	考试	3.5	56	2	
	大学物理 2	考试	2.5	40	3	
外语	综合英语 1-4	考试	8	128	1-4	2 学分/学期
军体	体育 1-4	考试	4	144	1-4	1 学分/学期
	军事理论	考查	2	36	1	
	军事技能训练	考查	2	3w	1	w 表示"周"
计算机	信息技术基础及其高级应用	考试	4.5	72	2	
合计			54.5	956+3w		

② 选修课：要求修满 14 学分。

选修课包括社会科学、自然科学、人文艺术、工程技术、创新创业、英语拓展 6 类选课模块。前 5 个模块要求各修满 2 学分，英语拓展类要求修满 4 学分。课程开设目录由学校统一公布。

（2）学科基础类

要求修满 34.5 学分。

① 必修课：要求修满 28.5 学分（见表 2-16）。

表 2-16　学科基础类必修课学分要求

类别	课程名称	考核方式	总学分	总学时	开课学期	备注
化学	无机及分析化学	考试	3.5	56	1	
	有机化学	考试	3	48	2	
生命科学基础	植物学	考试	2	32	3	
	动物学	考试	2	32	3	
	生命科技与当代社会	考查	3	48	2	特色课程
	生态学	考查	2	32	5	
生物技术原理	生物化学	考试	4	64	3	双语
	细胞生物学	考试	3	48	4	
	遗传学	考试	3	48	5	
	微生物学	考试	3	48	4	
合计			28.5	456		

② 选修课：要求修满 6 学分（见表 2-17）。

表 2-17　学科基础类选修课学分要求

类别	课程名称	考核方式	总学分	总学时	开课学期	备注
生物技术研究工具	现代仪器分析	考查	2	32	5	
	计算机在生命科学中的应用	考查	2	32	5	
	生物统计学	考查	2	32	5	
	文献检索与科技论文写作	考查	2	32	5	

类别	课程名称	考核方式	总学分	总学时	开课学期	备 注
生物技术应用	生物制药（品）学	考查	2	32	5	
	生物资源开发与利用	考查	2	32	5	
	蚕桑生物技术（必选）	考查	2	32	5	特色课程

（3）专业类

要求修满23.5学分。

① 必修课：要求修满11.5学分（见表2-18）。

表 2-18　专业类必修课学分要求

类别	课程名称	考核方式	总学分	总学时	开课学期	备注
生物技术原理	植物生理学	考试	3	48	4	
	人体及动物生理学	考试	2.5	40	4	
	分子生物学	考试	3	48	5	双语
生物技术应用	基因工程	考试	3	48	6	双语
合计			11.5	184		

② 选修课：要求修满12学分（见表2-19）。

表 2-19　专业类选修课学分要求

类别	课程名称	考核方式	总学分	总学时	开课学期	备注
生物工程	细胞工程	考查	2	32	7	
	微生物工程	考查	2	32	6	
	蛋白质工程与酶工程	考查	2	32	6	
	生物分离工程	考查	2	32	7	

续表

类别	课程名称	考核方式	总学分	总学时	开课学期	备 注
生物制药	药理学	考查	2	32	6	
	免疫学	考查	2	32	6	
	药剂学	考查	2	32	7	
	药物分析与检验	考查	2	32	7	
食品	营养与食品卫生学	考查	2	32	6	
	食品生物技术	考查	2	32	7	
蚕桑	蚕桑产品深加工利用	考查	2	32	7	特色课程
前沿	生物信息学概论	考查	2	32	6	
	生物技术前沿讲座	考查	2	32	7	

（4）其他实践环节

要求修满 39.5 学分（见表 2-20）。

表 2-20　其他实践学分要求

类别	实践环节名称	考核方式	总学分	总学时	开课学期	备注
学科基础必修	植物学实验	考查	1.5	24	3	
	动物学实验	考查	1.5	24	3	
	生物化学实验	考查	2	32	4	
	微生物学实验	考查	1.5	24	4	
	细胞生物学与遗传学实验	考查	3	48	5	
	生态学实验	考查	1	16	5	

类别	实践环节名称	考核方式	总学分	总学时	开课学期	备注
专业必修	分子生物学与基因工程实验	考查	3	48	6	
	现代生物技术创新实验	考查	2	32	6	
	*认识实习	考查	1	1w	6	w 表示"周"
	*生产实习	考查	3	3w	8	
	毕业设计（论文）	考查	14	14w	8	
专业选修	食品营养与安全控制实验	考查	3	3w	7	选 2 门
	生物药物检测与分析实验	考查	3	3w	7	
	蚕桑生物技术实验	考查	3	3w	7	
合计			39.5	248+24w		

注："＊"表示企业化实践或社会实践教学环节。

（5）第二课堂

至少修满 6 学分。

第二课堂活动分为创新研究、社会实践、人文艺术体育三类（见表 2-7）。学生参加第二课堂活动的成绩评定采用等级记分制，根据学生参加活动项目的对应累计分值确定总评成绩。学生参加第二课堂活动的评定成绩以"实践能力与素质拓展"的科目名称记入学生成绩档案。成绩及格及以上者获得相应学分。具体详见《江苏科技大学本科培养方案第二课堂要求选修学分评定管理办法》（江科大校〔2013〕199 号）。

2.4.3.6　主要课程图谱

主要课程图谱如图 2-2 所示。

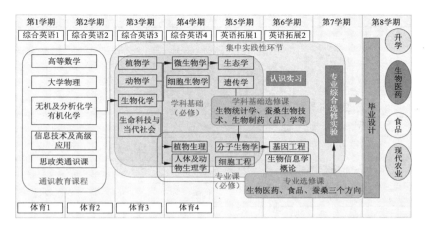

图 2-2　主要课程图谱

2.4.3.7　课程类别学分学时统计

（1）按课程模块统计

统计结果见表 2-21。

表 2-21　按课程模块统计

课程类别			统计项目		
			要求修满学分	占总要求学分的比例	学时
理论教学	通识教育课程	必修	51.5	30%	924
		选修	14	8.1%	224
		小计	65.5	38.1%	1148
	学科基础课程	必修	28.5	16.5%	456
		选修	6	3.5%	96
		小计	34.5	20%	552
	专业课程	必修	11.5	6.7%	184
		选修	12	7.0%	192
		小计	23.5	13.7%	376

续表

课程类别		统计项目		
		要求修满学分	占总要求学分的比例	学时
集中实践性环节（含不以周安排的独立实验）	必修	36.5	21.2%	280+21w
	选修	6	3.5%	6w
	小计	42.5	24.7%	280+27w
第二课堂	选修	6	3.5%	按6w计
总计		172	100.0%	2356+33w

注：必修课共计要求修满 128 学分，选修课共计要求修满 44 学分，w 表示"周"。

（2）按课程类型统计

集中实践性教学环节共计 42.5 学分，占总学分的比例为24.7%；选修课共计 44 学分，占总学分的比列为 25.6%；第二课堂为 6 学分，占总学分的比例为 3.5%。

2.4.4　生物学硕士研究生培养方案

2.4.4.1　学科简介

该学科注重生物学基础理论的探究和现代研究技术的训练，重点研究动植物和微生物生长发育、遗传变异及其与环境的互作等生命科学问题，为生物产业、医药和现代农业的发展提供理论依据，为生命科学研究及生物相关产业培养高素质人才。

2.4.4.2　培养目标

该学科硕士生应具有坚定正确的政治方向、良好的道德品质，遵纪守法，身心健康。他们应掌握生命科学领域坚实的基础理论、系统的专业知识和现代实验研究技能，具备开展生命科学研究所需的综合能力和良好的科学道德，能够创造性地研究和解决本学科有关的理论和技术问题，能胜任生命科学相关领域的教学、科研和技术管理等工作。

2.4.4.3　学制

学制为 3 年。

2.4.4.4　研究方向

研究方向见表 2-22。

表 2-22　研究方向

序号	研究方向名称	研究方向简介
1	植物生理生化与发育调控	研究植物生长发育的生理生化与分化机制，植物与环境的相互作用及其分子调控机制，植物生理活性物质及生态胁迫与生长发育的关系，优质高效繁殖及栽培理论与技术
2	植物遗传育种	植物种质资源的收集、鉴定和利用，功能基因挖掘、克隆及鉴定，现代育种技术研究，资源植物功能性物质研究
3	动物生理生化与发育调控	研究动物生长发育的生理生化与分化机制，重点研究昆虫的发育变态，动物营养生理及营养条件对生长发育的作用；动物与环境的相互作用及其分子调控机制
4	动物遗传育种	动物遗传资源的收集、鉴定，重要经济性状和生理生化性状分析及其遗传规律研究，重要性状形成的分子机制解析，现代育种理论与技术研究
5	微生物与免疫	研究动植物主要病原微生物及其致病机制，动植物疫病诊断与防疫技术，病原微生物与宿主相互作用的分子机制；动物免疫及其分子机制
6	分子生物学与生物技术	研究动植物及其病原微生物的基因结构与功能、基因表达与调控、基因组学、生物反应器等
7	生物转化与合成生物学	研究功能蛋白和酶的合成及调控机理，蛋白质分离纯化、修饰及制剂技术，蛋白质组技术，资源生物功能性因子的合成代谢机理及其应用技术
8	生物资源深加工技术	研究生物资源功能性活性物质，生物活性物质分离纯化技术，生物活性物质结构及活性鉴定，相关生物产品的加工工艺

2.4.4.5　课程设置

经学生申请、学校同意、学院认可，报研究生院备案，可以跨学科或跨学校选修专业课程 1~2 门，学分予以认可。课程设置见表 2-23。

表 2-23 课程设置

课程类别		课程名称	学时	学分	开课时间	备注
学位课	公共学位课	中国特色社会主义理论与实践研究	32	2	秋	
		第一外国语	128	4	秋/春	
	专业基础学位课	高级生物化学	48	3	秋	选 2~3 门
		高级分子生物学（全英文）	48	3	秋	
		细胞生物学（全英文）	48	3	春	
	专业学位课	高级植物生理学	32	2	春	至少选 2 门
		高级动物生理学	32	2	秋	
		高级微生物学	32	2	春	
		分子遗传学	32	2	春	
		发育生物学（全英文）	32	2	秋	
非学位课	公共选修课	自然辩证法概论	16	1	春	必选
		知识产权	16	1	秋	
		文献检索	16	1	春	
		第二外国语	64	2	春	
		学术与职业素养	16	1	春	
	专业选修课	生物化学与分子生物学大实验	48	3	春	必选
		生命科学前沿讲座	32	2	春	必选
		生物信息学专题（全英文）	32	2	秋	
		生物材料与组织工程	32	2	秋	
		生物转化与合成生物学	32	2	秋	
		科技论文写作讲座	16	1	春	
		基因组学	16	1	春	
		蛋白质组与蛋白质研究技术	32	2	春	

课程 类别		课程名称	学时	学分	开课 时间	备注
非学位课	专业选修课	代谢工程	16	1	秋	
		生物基产品工程	16	1	春	
		数量遗传学与群体遗传学	32	2	秋	
		植物发育生物学与分子生物学	32	2	秋	
		植物保护学	32	2	春	
		分子免疫学	32	2	秋	
		发酵工程	32	2	春	
		水生生物学	32	2	春	
		应用微生物学	32	2	秋	
		生态学基础	32	2	秋	
		现代仪器分析	32	2	秋	
		试验设计与统计分析	32	2	秋	
		动物细胞培养与基因工程	32	2	春	
		生物显微技术	16	1	秋	
		植物组织培养与基因工程	16	1	秋	
		现代育种技术专题	16	1	春	
		昆虫分子生物学进展	16	1	春	
		生物资源开发与利用专题	16	1	秋	
		系统生物学	16	1	春	
		结构生物学	16	1	春	
补修课程		普通生物学	40	2.5	秋	
		生物化学	64	4	秋	
		遗传学	48	3	秋	
		微生物学	48	3	春	

续表

课程类别	课程名称	学时	学分	开课时间	备注
其他必修环节	教学实践		1		
	社会实践		1		
	学术活动		1		
	文献阅读		1		

2.4.5　畜牧学硕士研究生培养方案

2.4.5.1　学科简介

本学科设有特种动物科学、畜牧生物工程和蚕桑资源利用3个方向。畜牧生物工程方向特色鲜明，家蚕生物反应器、分子育种等处于国内先进水平。蚕桑资源利用方向优势明显，蚕桑生物资源高值化利用、活性物质提取及产品开发、桑叶功能型畜禽饲料化利用等研究有效拓展了产业领域。

2.4.5.2　培养目标

通过培养使硕士研究生在德、智、体、美等方面全面发展，并达到以下要求：

①　热爱祖国，拥护中国共产党的领导，遵纪守法，具有良好的学术道德和科研作风，具有合作精神和创新精神，积极为社会主义现代化建设服务。

②　掌握与畜牧学相关的坚实的基础理论和系统的专业知识，了解畜牧学科相关产业、基础理论和技术研发的国内外动态，具有严谨的科学态度和理论联系实际的工作作风，能够独立从事畜牧学教学、科研、技术、管理等相关专业工作的能力。

③　熟练掌握一门外语，能阅读本专业的外文资料，具有较好的中文写作能力和国际交流能力。

④　具有良好的身心素质和开拓创新精神。

2.4.5.3　基本素质与能力

（1）基本素质

崇尚科学创新，具备从事本学科工作的学术潜力和开拓进取、改革创新的学术精神。关注畜牧学科技发展，对本领域科学研究具有浓厚的兴趣。掌握畜牧学前沿领域及相关交叉学科的知识，具备一定的学术洞察力，以及发现问题、分析问题、解决问题的能力。具备良好的团队合作精神和强烈的社会责任感，积极将科学的理论成果服务于生产，贡献社会。

恪守学术道德规范，严禁以任何方式漠视、淡化、曲解乃至剽窃他人成果，杜绝篡改、造假、选择性使用实验和观测数据。

（2）基本能力

能够熟练地通过查阅文献杂志、图书资料、网络信息等多种有效途径追踪研究领域学术研究前沿动态，有效获取自己所需的知识和实验方法、实验技能并将其应用于科学研究中。具备开展学术交流、表达学术思想、展示学术成果的能力。能独立完成文献综述，并在导师指导下开展实验工作、设计研究技术路线并对数据结果进行科学严谨的分析和推理总结，能独立撰写学位论文。能够将理论结合实践，运用所学的知识和技能解决与畜牧学相关的实际问题，能将畜牧蚕桑新技术推广应用，在畜牧生产领域发挥重要作用。

2.4.5.4　学制

学制为 3 年。

2.4.5.5　研究方向

研究方向见表 2-24。

表 2-24　研究方向

序号	研究方向名称	研究方向简介
1	特种动物科学	蚕桑种质资源、遗传育种、重要性状形成分子机制、现代蚕业技术与装备等
2	畜牧生物工程	动物分子育种、功能基因及其遗传修饰、生物反应器、饲料生物技术、疾病分子诊断技术等
3	蚕桑资源利用	蚕桑茧丝等生物资源评价、精深加工、高值化改造与利用技术

2.4.5.6　课程设置

课程分类按照学校有关规定执行。经学生申请，相关学校同意，学院认可，报研究生院备案，鼓励跨学科或跨学校选修专业课程 1~2 门，学分予以认可。课程设置见表 2-25。

表 2-25　课程设置

课程类别		课程名称	学时	学分	开课时间	备注
学位课	公共学位课	中国特色社会主义理论与实践研究	32	2	秋	
		第一外国语	128	4	秋/春	
	专业基础学位课	高级生物化学	48	3	秋	选2~3门
		细胞生物学（全英文）	48	3	春	
		分子遗传学	32	2	春	
	专业学位课	高级分子生物学（全英文）	48	3	秋	选2~3门，其中星标课程至少选2门
		高级植物生理学	32	2	春	
		畜牧学专题	32	2	秋	
		*高级动物生理生化	32	2	秋	
		*现代动物遗传育种原理与技术	32	2	秋	
		*现代动物营养原理与技术	32	2	秋	
非学位课	公共选修课	自然辩证法概论	16	1	春	必选
		知识产权	16	1	秋	
		文献检索	16	1	春	
		第二外国语	64	2	春	
		学术与职业素养	16	1	春	

续表

课程类型类别		课程名称	学时	学分	开课时间	备注
非学位课	专业选修课	生物化学与分子生物学大实验	48	3	春	必选
		生命科学前沿讲座	32	2	春	必选
		科技论文写作讲座	16	1	春	
		发育生物学（全英文）	32	2	秋	
		蚕桑遗传育种研究进展	32	2	秋	
		蚕桑病原微生物与生物防治	32	2	秋	
		农产品加工与食品工程	32	2	秋	
		高级微生物学	32	2	春	
		动物细胞培养与基因工程	32	2	春	
		植物组织培养与基因工程	16	1	秋	
		昆虫分子生物学进展	16	1	春	
		生物资源开发与利用专题	16	1	秋	
		蚕业经济与丝绸贸易专题	16	1	秋	
		生态学基础	32	2	秋	
		现代仪器分析	32	2	秋	
		试验设计与统计分析	32	2	秋	
		植物保护学	32	2	春	
		生物信息学专题（全英文）	32	2	秋	
补修课程		养蚕学	32	2	春	
		桑树栽培与育种学	32	2	春	
		遗传学	48	3	秋	
		微生物学	48	3	春	
		生物化学	64	4	秋	

课程类型类别	课程名称	学时	学分	开课时间	备注
其他必修环节	教学实践		1		
	社会实践		1		
	学术活动		1		
	文献阅读		1		

2.4.5.7 学科相关规定

硕士研究生培养过程中的其他必修环节、培养方式、中期考核、学位论文等按学校有关规定执行。申请硕士学位的科研成果要求按照《江苏科技大学博士、硕士学位授予工作实施细则》执行，硕士生公开发表论文的研究内容及成果，必须与学位论文的研究内容及成果相互关联。

2.4.6 畜牧领域农业硕士研究生培养方案

2.4.6.1 培养目标和要求

（1）培养目标

畜牧领域农业硕士是与畜牧技术研发、推广和应用等领域任职资格相联系的专业学位，主要为畜牧技术研究、应用、开发、推广和职业技术教育培养具有综合技能的复合应用型高层次人才。

（2）培养要求

该领域包括动物生产、动物繁育原理与技术、营养与饲料作物栽培、饲料添加剂研究与应用、畜产品开发等研究方向。

培养要求如下：

① 掌握中国特色社会主义理论，拥护党的基本路线、方针和政策；热爱祖国，热爱畜牧业，遵纪守法，品德良好，艰苦奋斗，求实创新，积极为我国畜牧业现代化和农村发展服务。

② 掌握动物生产系统的基础理论和专业知识，以及相关的管理、人文和社会科学知识；具有较宽的知识面、较强的专业技能和技术传授技能，掌握牛羊猪鸡等主要畜禽的生产管理和工程技

术；具有创新意识和新型的农业推广理念，能够独立从事高层次的农业技术研发、推广和农村发展工作。

③ 掌握一门外国语，基本能够阅读本领域的外文资料。

2.4.6.2 招生对象及入学考试要求

（1）招生对象

招生对象为具有国民教育序列大学本科学历（或本科同等学力）的人员。

（2）入学考试

入学考试包括全国研究生入学考试（初试）和招生单位组织的复试。

2.4.6.3 学习方式及学习年限

学习方式分全日制和非全日制两种。选择全日制学习方式的学生，在校学习年限为 2.5 年，最长不超过 5 年；选择非全日制学习方式的学生，学习年限一般为 3 年，最长不超过 5 年。

2.4.6.4 培养方式

（1）采取课程学习、实践训练、论文研究相结合的培养方式

加强研究生的实践训练，促进实践与课程教学和学位论文工作的紧密结合，注重在实践中培养研究生解决实际问题的意识和能力。实践训练不少于 6 个月。

（2）鼓励实行双导师制

鼓励实行校内、校外双导师制，校内、校外导师应具有丰富的实践经验并获评高级技术职称。

2.4.6.5 研究方向

研究方向见表 2-26。

表 2-26 研究方向

序号	研究方向名称	研究方向简介
1	动物生产	动物的养殖新技术、新设备、新方法，动物疫病防控技术等
2	动物繁育原理与技术	动物重要性状的遗传规律，常规育种与现代育种技术、繁殖技术等

续表

序号	研究方向名称	研究方向简介
3	营养与饲料作物栽培	动物的营养需求与生长、饲料的营养成分、饲料作物栽培技术
4	畜产品开发	动物及饲料作物资源的开发与利用

2.4.6.6 课程设置及培养环节

紧密围绕培养目标，合理设置课程体系和培养环节。教学内容增强理论与实际的联系，突出案例分析和实践研究。要求总学分不少于 28 学分，其中全日制课程学分不少于 22 学分，实践训练 6 学分。在总学分不变的条件下非全日制培养方案可依据生源情况做适当调整。

（1）课程设置

课程设置见表 2-27。

表 2-27　课程设置

课程类别		课程名称	学时	学分	开课时间	备注
学位课	公共学位课	中国特色社会主义理论与实践研究	32	2	秋	
		第一外国语	96	3	秋	
		现代农业创新与乡村振兴战略	32	2	春	
	领域主干课	动物遗传原理与育种方法	32	2	春	
		动物繁殖理论与生物技术	32	2	秋	
		动物营养与饲养学	32	2	秋	
		特种动物资源及养殖技术	32	2	春	
非学位课	公共选修课	自然辩证法概论	16	1	春	必选
		知识产权	16	1	秋	
		文献检索	16	1	春	

续表

课程类别		课程名称	学时	学分	开课时间	备注
非学位课	专业选修课	科技论文写作讲座	16	1	春	
		试验设计与统计分析	32	2	秋	
		饲料加工及检测技术	32	2	秋	
		畜禽生态与环境控制	32	2	秋	
		动物安全生产	32	2	春	
		生物信息学	32	2	秋	
		畜牧学研究进展	32	2	春	
		饲料资源开发与利用专题	32	2	秋	
其他必修环节		专业实践		6		

（2）培养环节

① 实践训练（6 学分）：围绕本领域学位授予要求制定实践训练大纲，组织开展实践教学工作，实践训练时间一般不少于6 个月。研究生通过专业实践，撰写实践学习总结报告，经导师审核通过后，获得专业实践 6 学分。

② 其他环节：中期考核，一般在课程学习结束后结合论文开题工作进行，按学校有关规定执行。

2.4.6.7　学位论文要求

（1）论文选题

论文选题应来源于动物生产类科技创新、技术革新、推广应用、生产管理等应用课题或现实问题，具有明显的生产背景和应用价值。论文要有一定的技术难度、先进性和工作量，能体现作者综合运用科学理论、方法和技术手段解决动物生产技术应用、农业和农村等问题的能力。

（2）论文形式

学位论文应反映研究生综合运用知识与技能解决实际问题的

能力和水平，可将研究论文、项目（产品）设计开发、调研报告、案例分析、发明专利、技术标准等作为主要内容，以论文形式表现。

（3）评审与答辩

学位论文的评审应着重考查作者综合运用科学理论、方法和技术手段解决动物生产技术应用、农业和农村实际问题的能力；审查学位论文工作的技术难度和工作量。

攻读农业硕士专业学位的研究生必须完成培养方案中规定的所有环节，成绩合格者方可申请参加学位论文答辩。

学位论文应至少由 2 名具有副高级以上专业技术职称的专家评阅，答辩委员会应由 3~5 位专家组成。学位论文评阅人和答辩委员会成员中，应包括相关行业具有高级职称（或相当水平）的专家，导师不得担任本人所指导研究生的答辩委员会委员。

2.4.6.8　学位授予

完成课程学习及培养环节，取得规定学分，并通过学位论文答辩者，经校学位评定委员会审核并授予畜牧领域农业硕士专业学位，同时获得硕士研究生毕业证书；未达到学位授予条件而达到毕业要求者，准予毕业，获得毕业证书。

2.4.7　畜牧学博士研究生培养方案

2.4.7.1　学科简介

该学科设有特种动物科学、畜牧生物工程和蚕桑资源利用 3 个方向。特种动物科学方向优质显著，建有全球规模最大的蚕桑种质资源库，在蚕桑种质创新、品种培育和高效种养技术方向国际领先；现行养蚕核心技术体系中，2/3 以上的蚕品种和 1/3 的桑品种由该学科研发提供；先后获国家级科技成果奖 6 项，为我国蚕丝产业实现全球第一提供了有力支撑。畜牧生物工程方向特色鲜明，家蚕生物反应器、分子育种等处于国内先进水平。蚕桑资源利用方向优势明显，蚕桑生物资源高值化利用、活性物质提取及产品开发、桑叶功能型畜禽饲料化利用等研究有效拓展了产业领域。

2.4.7.2　培养目标

① 培养面向现代化、面向世界、面向未来，适应我国社会主义建设需要，德、智、体、劳全面发展的高级专业人才。热爱祖国，拥护中国共产党的领导，遵纪守法，具有良好的学术道德和科研作风，具有合作精神和创新精神，积极为社会主义现代化建设服务。

② 适应国家经济建设、社会发展和科技进步的要求，具有健康的心理和体魄，掌握畜牧学坚实宽广的基础理论和系统深入的专业知识，在科学或专业技术上做出创造性的成果，具有独立从事科学研究、教学或管理的能力。

③ 具备用一门外国语熟练阅读本专业外文资料的能力，以及较强的听、说、写、译和进行国际学术交流的能力。

2.4.7.3　基本素质与能力

（1）基本素质

热爱科学、崇尚创新，具备从事本学科工作的较强学术潜力和开拓进取、改革创新的学术精神。关注畜牧学科技发展的热点和难点，对本领域科学研究具有浓厚的兴趣。掌握畜牧学前沿领域及相关交叉学科的知识，具备较好的学术洞察力以及较强的发现问题、分析问题、解决问题的能力，具备较好的学术潜力和创新意识。具备良好的团队合作精神和强烈的社会责任感，能够将畜牧学理论与生产实际有机结合，善于解决畜牧生产中实际存在的问题。

恪守学术道德规范，尊重知识产权，严禁以任何方式漠视、淡化、曲解乃至剽窃他人成果，杜绝篡改、造假、选择性使用实（试）验和观测数据。

（2）基本能力

具有良好的身心素质，能够通过全面、系统地查阅文献追踪畜牧学学术研究前沿，获取畜牧学相关研究前沿动态，将先进的研究方法和研究思路应用于科学研究中。对畜牧学研究热点、难点和发展方向有较高的敏感度，善于从畜牧学生产实践中发现问题，并具有独立开展高水平研究的能力。对畜牧学研究领域有独到的认识和理解，具有创新型思维，能开展创新型研究，有较强的学术创新能力，能够独立完成实验，获得创新型成果。具备在国内外开展学术交流、表达学术思想、展示学术成果的能力。

2.4.7.4 学制

学制为 3 年。

2.4.7.5 研究方向

研究方向见表2-28。

表 2-28 研究方向

序号	研究方向名称	研究方向简介
1	特种动物科学	蚕桑种质资源、遗传育种、重要性状形成分子机制、现代蚕业技术与装备等
2	畜牧生物工程	动物分子育种、功能基因及其遗传修饰、生物反应器、饲料生物技术、疾病分子诊断技术等
3	蚕桑资源利用	蚕桑茧丝等生物资源评价、精深加工、高值化改造与利用技术

2.4.7.6 课程设置

课程分类按照学校有关规定执行。经学生申请，相关学校同意，学院认可，报研究生院备案。鼓励跨学科或跨学校选修专业课程1~2门，学分予以认可。课程设置见表2-29。

表 2-29 课程设置

课程类别		课程名称	学时	学分	开课时间	备注
学位课	公共学位课	中国马克思主义与当代	32	2	秋	
		第一外国语	64	2	秋	
	专业基础学位课	高级分子生物学专题（全英文）	32	2	秋	
		动物基因组学（双语）	32	2	秋	

课程类别		课程名称	学时	学分	开课时间	备注
学位课	专业学位课	畜牧学研究进展	32	2	秋	
		生命科学进展	32	2	秋	
		高级动物营养学	32	2	秋	
非学位课	专业选修课	昆虫分子科学	32	2	秋	
		生物信息学	32	2	秋	
		畜牧种质资源与遗传育种学专题	32	2	秋	
		动物生物工程专题	32	2	秋	
		蚕桑学研究进展	32	2	秋	
补修课程		高级生物化学	32	2	秋	
		生物化学与分子生物学大实验	48	3	秋	

2.4.7.7　学科学位点相关规定

博士研究生培养过程中的其他必修环节、培养方式、中期考核、学位论文等按学校有关规定执行。申请博士学位的科研成果要求按照《江苏科技大学博士、硕士学位授予工作实施细则》执行，博士生公开发表论文的研究内容及成果，必须与学位论文的研究内容及成果有关联。

第3章 科教一体的师资队伍建设

新时代教育方针是发展教育的总方针，是解决好当前培养什么样的人、怎样培养人、为谁培养人的根本问题的理论依据。新时代教育方针是我们党对高等教育指导思想的最新发展，是与时俱进的改革创新。我们要全面理解和正确把握新时代教育方针在高水平师资队伍建设中的基本要求，并将其作为大学教育工作的基本遵循，认真贯彻落实。

师资是学校的第一资源，高水平师资队伍建设是大学发展的关键。建设一支有理想信念、有道德情操、有扎实知识、有仁爱之心的"四有"好教师队伍，是加快学院发展、提升学院核心竞争力和综合实力的动力之源，师资队伍的水平直接影响教学质量。建设一支科研能力强、教学水平高的师资队伍是江苏科技大学生物技术学院的既定目标之一。多年来，学院不断通过加强对青年教师的培养、引进名校名导的博士毕业生、聘请特聘专家教授等措施补充现有的师资队伍，同时兼顾学缘结构、学科发展方向，建成一支融科、教为一体的高水平师资队伍。

3.1 师资建设的背景

2001年，中国农业科学院蚕业研究所与江苏科技大学合并，并在此基础上成立生物技术学院。学院中的大部分老师在科研岗位，主要从事科学研究工作，对教学（尤其是本科教学）的规律、方法及手段等不太熟悉，因此，需要对这部分教师进行适应性转型培训和学习。同时，随着专业的增加、招生人数的增多和学科的发展，急需引进大量的新生力量。

3.2 指导思想与建设目标

以建设一支师德高尚、教学水平高、科研能力强、结构合理、具有国际视野的师资队伍和教学科研团队为指导思想。设立师资建设的长期规划和短期目标，根据专业规划和学科建设发展的需要，每年引进 10 名左右名校名导的年轻博士、1~2 名特聘教授，每三年引进 1 名国家级人才。2015—2020 年，生物技术学院的教师队伍经过五年的建设，达到了如下目标：

① 建立师德建设常态化和长效化机制，所有教师达到合格标准。

② 专任教师 100% 具有硕士学位（其中 45 岁以下的教师全部获得博士学位），其他职工高职比占 65% 以上。

③ 研究生导师占专任教师的 75% 左右。

④ 3~4 名学科（学术）带头人成为国内同学科领域中具有一定影响力的专家；2~3 名学术带头人成为省内有特色的专家；2~3 名中青年骨干教师在省内同学科领域具有一定的知名度。

⑤ 培养国家级教学名师 1~2 名。

⑥ 建成省级教学和科研团队 1~2 个。

3.3 重要举措

为实现师资队伍建设的既定目标，江苏科技大学采取了一系列的措施，包括制定规范性文件、采取具体执行措施，以保证相关政策的执行，确保建设效果。

3.3.1 牢固树立"学高为师，德高为范"的思想

师德是教师内在的道德修养、职业素养和价值观的集中体现，是教师的从业之基、育人之本。近年来，党和国家高度重视教师队伍建设，并将师德师风作为评价教师队伍素质的第一标

准。江苏科技大学结合教育部、江苏省教育厅关于师德师风建设方面的文件精神，制定了《江苏科技大学师德公约》（见本章附件一）、《江苏科技大学师德公约实施办法》（见本章附件二）、《江苏科技大学师德、思想政治考核实施办法（试行）》（见本章附件三）、《江苏科技大学师德失范行为处理办法（试行）》（见本章附件四）等，积极推进师德师风建设，强化职业理想和职业道德教育，时刻牢记育人职责，为人师表，秉承教书育人的使命，加强课程思政聚集行动，培养教师具有正确的人生观、世界观和价值观。

3.3.2　打造高水平"专业—课程群—课程"立体化的教学科研团队

在已有的较为成熟的教学科研团队基础上，继续整合师资队伍，打造"专业—课程群—课程"的高水平教学科研团队，形成"母团队—子团队"的格局。这既加强了小团队之间的相互交流与合作，专业上做到"专兼结合，有兼有专"，提高对教学人才资源的利用效率；又有利于加强教学科研团队管理，防止出现团队规模过大而引起的凝聚力不强等问题，做到"统分结合，统而不分"，发挥部分对整体的拉动作用，提高团队工作效率。

3.3.2.1　培养和选拔团队带头人

引入竞争机制，选拔团队带头人，包括学科带头人、专业带头人、核心课程建设团队负责人等。团队带头人必须具有良好的师德，同时具有较高的科研能力和教学能力，以及丰富的教学经验、学术能力、领导能力和人格魅力，能够调动成员的积极性，善于同成员沟通，善于营造团队和谐愉悦的工作氛围，带领团队实现共同目标。为此，学校相继制定了《江苏科技大学学科带头人遴选办法》《江苏科技大学本科专业负责人制度实施办法（修订）》《江苏科技大学本科专业核心课程建设与管理办法》。

3.3.2.2　构建科学合理的教学科研团队评价体系和奖励机制

创建和谐发展的团队氛围，构建合理的教学科研团队评价体系与激励机制，建立教学科研团队动态管理模式和完善学生评教机制。

立足本专业人才培养的特色定位，紧紧围绕教学科研团队的内涵与特征设计评价体系。在评价内容上既对团队的显性成果（课堂教学、实验教学、课程改革等）进行评价，又对学生培养的隐性成果（学生能力的提高、学生团队凝聚力的提升）进行评价。在评价方法上，既采纳同行专家的评价，又重视学生的反馈和评价。

从整体出发，除了根据教师个人的教学业绩进行考评和奖励之外，还应采用基于团体的绩效评价和奖励机制，实行团队激励机制，充分实现团队的整体价值和团队成员的个人价值。

3.3.2.3　优化教学科研团队组织结构，培养和引进并举

优化教学科研团队的教龄结构和专业结构，形成较为合理的多层次教学科研团队，加强团队成员之间专业方向的互补和交流。

首先，注重对团队中青年教师的培养。青年教师往往具有"学历高，经验少"的特点，教学科研团队应该充分发挥其教龄结构优势，长教龄教师对中短教龄教师进行"传、帮、带"，促进他们迅速融入团体，在教学技能、教学方法上得到迅速提高。其次，对教学科研团队进行全员培训，如进行职业道德、教育理念等方面的培训。再次，还可将教学科研团队带头人或骨干教师送到国内外名校进行有针对性的专业培训。

大力引进海内外高层次教学型人才加入教学科研团队，尤其需要大力引进具有丰富教学经验、先进教育理念、在教学岗位上做出突出贡献的高水平教学人才。此外，还需重视人才引进的后续工作，促进引进人才与原有教学科研团队的融合，搭建适合引进人才发展的工作平台，使引进人才真正成为促进教学科研团队建设的原动力。

3.4　建设成效

充分利用蚕研所教师资源，整合师资力量，注重教师研修和新教师引进，着力打造"专业—课程群—课程"立体化的教学科

研团队。

3.4.1 以团队为基础，加强教学和科研建设

构建了四个稳定的教学科研团队："蚕桑资源利用"团队，聚焦于蚕桑资源利用、本硕博贯通、学科交叉的课程群教学与科研，该团队获得 2019 年江苏省优秀教学团队；"生物工程核心课程群"团队，以生物工程专业五门核心课程为建设内容，对教学内容和教学方法进行改革，提高教学效果，该团队获得 2019 年江苏科技大学优秀教学团队；"生命科学基础课程群"团队，涉及专业基础课程的教学与研究；"遗传学与生物信息学"团队，集中在与遗传、信息相关的课程梯队。

以团队为单位，定期从事教研活动和科研研讨，强化师德建设，同时提高了教师的教学水平和科研能力，获得了江苏科技大学特色科研团队和新兴科研团队等荣誉。

3.4.2 培养和引进并重，加快教师发展

每学期安排新教师参加青年教师助教培养计划、成长驿站、教学沙龙等，鼓励教师参加各种教学培训，对研究型教师进行教学转型培训和指导。

要求教师定期到境外研修，拓展国际视野。平均每年有 3~4 人出国访学一年以上，大大提高教师队伍的教学和科研能力，部分教师还开展了国际合作。

理论联系实际，开展课程思政。教师在课内引入学科前沿与实践案例，课外指导学生参加创新创业竞赛，平时钻研教学改革，获得学生好评及学生竞赛、教研等系列成果。每年教学业绩考核中获"教学优秀奖"的教师比例达 15%。

重视教师队伍的年龄结构、职称结构和学缘结构的合理性。每年引进名校博士毕业生 10 名左右，同时加强对青年教师的培养工作。近年来，学院青年教师获省部级教学比赛奖励 6 人次，校讲课比赛一等奖 3 人次。

涌现出一批高水平科研人才。获省级"青蓝工程"学术带头人、"333"第三层次、"六大人才"、"双创"等人才称号 18 人

次，省特聘教授 2 人，市级十大杰出青年、突出贡献专家、十佳教师 5 人次，国家教指委委员 1 人，蚕桑岗位科学家 6 人，省部级学术组织副理事长 1 人、常务理事 4 人。

3.5　本科生全程导师制的实践与体会

本科生导师制是以学生为"中心"，以导师为"龙头"，将大学生思想政治教育与专业教育相结合，将专业知识传授与大学生创新创业实践、科研能力、刻苦钻研精神等有机结合起来，培养学生的德、智、体、美、劳等综合素质，是高校探索育人方法的新途径和新模式。导师制起源于英国牛津大学，浙江大学于 20 世纪 40 年代将其引入国内。随着我国高等教育改革的不断推进和深入，全国大部分研究性大学和部分普通院校都开始试行导师制，成为新时期我国高等教育改革与发展的战略导向。江苏科技大学生物技术学院紧跟我国高等教育改革与发展的步伐，于 2014 年 9 月开始在蚕业研究所的科研力量基础上实施本科生全程导师制，颁发了《生物技术学院本科生全程导师制实施意见（试行）》（以下简称《意见》）。目前，导师制在全院学生中试行，学院 80 余名专业教师指导本科生 480 余名。其师生导学重点如图 3-1 所示。

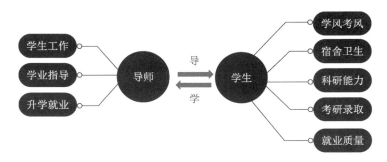

图 3-1　师生导学重点

3.5.1　本科生全程导师制提出的背景

2014 年，江苏科技大学决定将原生物与化学工程学院 500 多名生物技术、生物工程专业本科生划归蚕业研究所（简称"蚕研所"），成立新的生物技术学院。为了在一个长期从事科研工作的专业研究所做好大学生人才培养工作，学院决定实施本科生全程导师制。该决定主要基于三个方面的考虑：一是通过实施本科生导师制弥补学院学工队伍人员的不足，避免学生管理粗犷化，甚至出现管理盲区；也希望通过专业教师的引导解决专业调剂入学的生物类学生专业认同不足和专业兴趣点低的现实问题。二是通过本科生导师制，实现蚕研所科研资源反哺本科教学。学院从拥有的师资、教学平台和科研资源条件分析，认为其完全具备实施本科生导师制的条件。学院教师总人数为 119 人，其中 80 多名专职科研人员基本没有本科教学任务，每年学院的本科生数约为 140 人，师生比接近 1：1.2。学院拥有 8 个省部级实验平台，每个课题组都有自己的实验室，大部分教师有自己主持的科研项目。三是通过本科生导师制，呼应学校教育教学水平提升工程，尝试重构学生学习动力，提高本科生培养质量。在高等教育进入普及化阶段后，如何让众多学生成为主动的学习者，让他们对自己的学习更负责，是不同国家面临的共同问题。学工办领导意识到重构学习者的学习动力仅靠学工人员的思想教育和专业教师的课堂教学显然是不够的，必须在学生制定学业规划、指导专业课学习、开展科研活动方面切实加强个性化指导，而本科生导师制能够比较好地解决这些问题。

3.5.2　本科生全程导师制的组织与实施

实施导师制的目的在于在本科生 4 年培养的过程中，本着因材施教的原则，为学生的学业规划、专业指导、科研活动和社会实践等方面加强个性化的指导，构建"辅导员+学业导师"思政教育的缺失地带（思政育人）、教育与点拨学生（教书育人）、指导学生科研（科研育人）、服务学生成才（服务育人）"四位一体"的立德树人体系，提高本科生培养质量。为进一步贯彻习近平总书记在思政课教师座谈会上的讲话精神，落实全员、全过程、全方位育人的"三全育人"模式，蚕研所、生物技术学院将继续以本科生全程导师制为抓手，以"春蚕"精神为引领，以"立德树人"为目标，尊重学生成长成才规律，全院各部门齐抓共管，联合搭建师生服务平台，实施"精准导学"新模式，真正将"教书"与"育人"相结合，促使学生健康成长，进一步完善和发挥导师制的"三全育人"功能。本科生全程导师制的立德树人体系及核心驱动如图 3-2 所示。

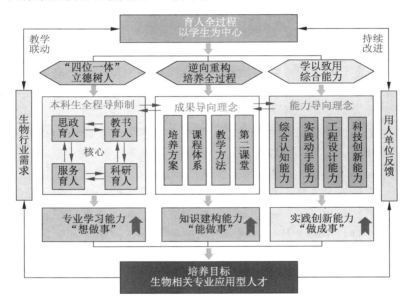

图 3-2　本科生全程导师制的立德树人体系及核心驱动

生物技术学院本科生全程导师制经历了三个阶段的发展：

第一阶段，研究决策阶段。2014 年 9 月，学院决定全面实施本科生全程导师制；同年 10 月 12 日，学院印发《本科生全程导师制实施意见》，明确了学院做什么，导师做什么，学生做什么。

第二阶段，全面实施阶段。一是 2014 年 11 月 4 日完成第一批74 名导师的聘任工作，随后组织导师进行适当调整，优质师资尽量向能学习、想学习的学生倾斜，促使学风建设、专业学习、创新能力培养更有成效；二是建立了导师组团辅导模式，以课题组为单位组建导师团队，相应地，学生也组成团队，形成教师团队指导上的优势互补，促进了相应学生团队内部形成比学赶超的局面；三是完善了导师考核奖励办法，强化导师在本科生指导过程中的责任意识和成果意识，同时按照30%的比例评选"优秀本科生导师"。

第三阶段，改进完善阶段。导师制在一届学生中完整实施，即导师制实施四年后，学院进行问卷调查，分析全程导师制实施过程中可能存在的问题和需要改进完善的地方，为进一步提高导师制实施成效提供建议和参考。

本科生全程导师制贯穿大学4年，且不同阶段各有侧重：大一以新生适应大学学习生活和专业认同教育为载体，协助做好新生转型教育；大二以参与实验室相关工作和以导师团队为单位组织系列专业学习讨论会为载体，侧重于指导专业学习；大三以本科生创新计划项目研究为载体，侧重于培养创新实践能力；大四以指导毕业论文为载体，协助做好就业升学工作。

3.5.3 本科生全程导师制初见成效

生物技术学院全程导师制仍然处于探索实践阶段，但其效果和价值已初步彰显。一方面，导师制有利于加强学生思想意识的引导，有利于解决专业调剂学生对生物专业认同不足和兴趣点低等现实问题；另一方面，导师制有利于实现学科、科研、师资、平台和文化等资源反哺本科教学，提高教育教学质量，引导学生变被动接受学习为主动学习。

3.5.3.1 有利于加强学生思想引领，促进学生的长远发展

自本科生全程导师制实施以来，更多的专业教师关心学生管理工作，主动参与学生学业指导，为学生解决就业升学等实际问题；在学生层面，学风考风有所好转，学生补考率明显降低，研究生录取率大幅提升，2020届研究生录取率为43.2%，位列全校第一（图3-3）。学生就业升学的准备更有计划性，主动性更强，就业率大幅提升，彰显了本科生导师制在人才培养中的重要作用。

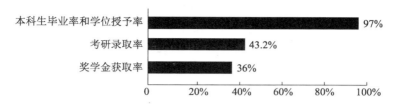

图 3-3 导师制下学院本科生升学、毕业、奖学金获取比例

3.5.3.2 提升了学生专业学习能力、实践创新能力

6 年多来，本科生承担创新计划 141 项（省级以上 44 项），参与教师科研项目 465 项，参与发表论文、申请专利 100 余次（其中 SCI 收录论文 45 篇）。连续四年获得全国大学生生命科学创新创业大赛优秀组织奖，连续五年入选教育部组织的全国大学生创新创业年会，创设的全国大学生蚕桑生物技术创新大赛成为大学生科技创新品牌活动。获全国"挑战杯"大学生课外学术科技作品竞赛一等奖等国家级奖 7 项、省级奖 8 项；获江苏省优秀本科毕业论文一等奖 2 篇、二等奖 5 篇、三等奖 1 篇及优秀团队 2 个。

3.5.4 本科生全程导师制实施过程中存在的问题及原因分析

为进一步了解和分析本科生全程导师制实施现状和可能存在的问题，生物技术学院学工办在全院师生中发放了调查问卷，共收回学生版问卷 362 份（其中有效问卷 360 份），导师版问卷 56 份（其中有效问卷 56 份），并对结果做了详细分析，在此基础上提出了改进导师制工作的建议。

3.5.4.1 部分学生不够积极主动

调查结果表明，目前导师制存在的最主要问题为部分学生不够积极主动。结合图 3-4 和图 3-5 可以得出以下 3 个结论：一是从学生的角度出发，缺乏主动性、不能与导师之间彼此信任、课余时间少是学生不联系导师的主要原因；二是从导师的角度出发，科研任务重、没有时间等是阻碍导师制有效实施的主要原因；三是从制度本身出发，指导内容模糊、鼓励和监督机制不完善、缺乏制度保障等是后期改善方案时需要注意的问题。

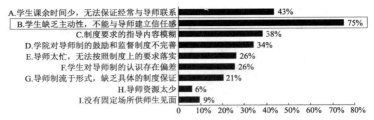

图 3-4　目前导师制存在的最主要问题

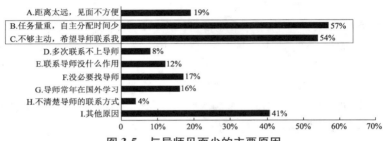

图 3-5　与导师见面少的主要原因

3.5.4.2　导师的指导内容和途径需要进一步明确

尽管《意见》中的第四条对导师的职责有比较详细的规定，但是为了使导师在指导上更具有针对性，调查问卷从"学生期望与实际获得指导"两个方面设计了多选题，从而了解导师们的履职情况，问卷结果如图 3-6 所示。

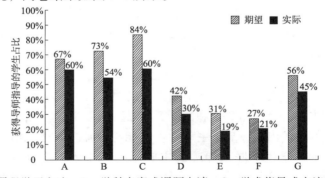

A—课程学习方法；B—学科竞赛或课题申请；C—学术指导或交流活动；

D—人际关系；E—心理咨询；F—生活困难问题；G—人生成长规划

图 3-6　学生期望/实际获得导师指导的情况（N=360）

从图 3-6 可以看出，期望在学术指导或交流活动中获得指导的学生约占 84%，期望在学科竞赛或课题申请上获得指导的学生约占 73%，超过半数以上的学生也期望在课程学习方法和人生成长规划上获得指导。但是通过对比发现，学生从导师那里实际获得的指导几乎都不能满足他们的需求，尤其在学术指导或交流活动、指导学科竞赛或课题申请、人际关系交往和人生成长规划上与期望值差距较大，因此在今后的导师制实施过程中师生双方需要在这些方面共同努力。

3.5.4.3　导师评价、考核机制有待进一步完善

《意见》第六条导师聘任管理中对导师评价、考核、监督和奖励机制做了一定的说明，那导师们对此有何看法和意见呢？调查问卷从以上几个方面设计了 1 个单选题和 2 个多选题，其中"您认为有必要建立导师评价体系吗？"一题，约 72% 的导师认为有必要或完全有必要建立导师评价体系，并且超过半数以上的导师认为，可以将学生评价、导师自评和导师制工作领导小组考核等项目纳入考核范围，考核内容包括导师的日常指导记录、被指导学生的科研情况、心理健康状态、获奖情况和学习成绩。由此可见，导师制评价考核机制在导师制实施过程中还有待进一步完善。

3.5.4.4　学工办作用的发挥需要不断加强

调查结果显示，今后仍需要进一步对导师制的实施背景、目的、意义和成效方面进行宣传。为进一步提高制度贯彻的针对性和指导性，在学生版和导师版调查问卷中均设计了 1 个多选题（多选，但选项不超过 4 项）。例如，"为进一步促进导师制的实施，你希望学工办在其中开展哪些工作？"问卷结果如图 3-7 所示。

可以看出：第一，大部分的学生和导师希望学工办发挥"桥梁和纽带"作用，搭建师生交流服务平台，加深师生之间的了解和信任，比如邀请导师与学生一起参加文体活动，联系参观实验室等。第二，导师强烈希望学工办能够积极反馈学生个人情况，

还希望给学生开展相应的学术讲座。

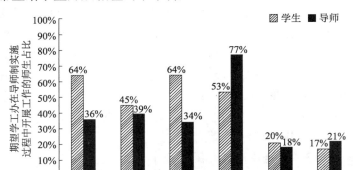

A—邀请导师与学生一起参加文体活动；B—邀请导师开展学术活动；
C—联系参观实验室；D—积极向导师反馈个人情况；E—协调更换导师；
F—其他

图 3-7   师生期望学工办在导师制实施过程中开展工作

3.5.5   不断完善全程导师制工作

结合调查结果及实施过程中暴露的问题，后期的全程导师制工作需要从以下方面不断完善：

（1）"打铁"还需自身硬。导师制实施单位需在已有工作的基础上，全面收集、整理、消化与吸收国内外导师制、教育管理模型、沟通交流等相关领域的最新研究成果与实践经验，深入学习党中央、各部委办有关本科教育、本科生导师制等方面的相关文件与思想，熟练掌握系统分析与评价、调查统计、案例分析、行为事件访谈等基本理论与应用模式，为后续研究提供理论指导。

（2）"导学"结合，注重成效。通过专栏展板、经验交流、网络媒体等途径，加强宣传导师制实施的背景、目的、组织机构、指导思想及实施成效等；成立导师制宣传队伍，印发导师制"导学"指南，师生"导学"流程化；邀请老专家、优秀导师、杰出校友分享"导学"经历和经验，师生共同总结和持续改进"导学"计划，同时定期邀请专家就"导学"方法为师生培训；

对导师制实施成效进行总结和宣传，对不足之处及时提出相应的对策和措施，在实践中进步。

（3）注重过程管理与成果导向，对学生和导师定期评价和考核。对于学生，将其导师制执行情况纳入学生评奖评优及入党考察条件，每月检查"本科生导师制记录本"，对长时间不联系导师的学生进行约谈，帮助他们与导师建立信任；对于导师，也将其导师制执行情况纳入来年招生名额管理，指导学生达不到要求的，限制其次年招生。以"挑战杯"、本科生创新计划、大学生学科竞赛为契机，重点培养在全程导师制中表现优异的师生搭配，加大支持力度，培育大学生在学科竞赛中取得优异成绩，并加强宣传本科生全程导师制的实施成效。

（4）构建师生服务平台与导学载体。构建师生导学"12345"新模式："1"即一次"拜师"仪式：集体或个性化的拜师仪式，简单而庄重，让导师和学生感受到满满正能量的仪式感，增进师生之间的信任感。以吕鸿声纪念馆为学院导师制教育教学基地，以吕先生的求学过程感染学生，以吕先生的育人方法启发老师。"2"即两项师生友谊赛：一场体育运动比赛和一场师生趣味运动会，进一步建立师生间的友谊和信任，在师生交流中变被动为主动。"3"即三阶段式导学：大一和大二注重引导学生的学习方法和适应大学生活，大三和大四上学期注重引导专业学习、科研培养、考研和创新实践，大四下学期侧重毕业设计、就业和出国指导。"4"即"四位一体"的考研激励：一是提供考研备考专业指导，如填报志愿、专业辅导、专门的复习教室等；二是组织开展"五会"，包括考研动员、指导、复试、交流和表彰会；三是做好服务育人工作，包括心理减压、情绪释放等；四是积极落实考研奖励激励措施。"5"即"五个一"提高学生综合素质：一份职业生涯规划；一次暑期实践活动；一项课题研究报告；一份"我和我的导师"成长记录；一篇毕业设计或论文。

当前，为进一步贯彻习近平总书记在思政课教师座谈会上的讲话精神，落实全员、全过程、全方位育人的"三全育人"模式，生物技术学院将继续以本科生全程导师制为抓手，以"春蚕"精神为引领，以"立德树人"为目标，尊重学生成长成才规律，全院各部门齐抓共管，联合搭建师生服务平台，实施"精准导学"新模式，真正将"教书"与"育人"相结合，促进学生健康成长，进一步完善和发挥导师制的"三全育人"功能。

参考文献

[1] 范有臣，高松，郭天骄．应用型本科院校高水平师资队伍建设思考［J］．教育教学论坛，2020，12（52）：26-27.

[2]《江苏科技大学师德公约实施办法》（江科大委〔2014〕52 号）

[3]《江苏科技大学师德、思想政治考核实施办法（试行）》（江科大委〔2018〕129 号）

[4]《江苏科技大学师德失范行为处理办法（试行）》（江科大委〔2019〕95 号）

[5]《江苏科技大学本科专业负责人制度实施办法（修订）》（江科大校〔2020〕74 号）

[6] 关于印发《生物技术学院本科生全程导师制实施意见（试行）》的通知（江苏科技大学部门文件，生技院〔2014〕1 号）

[7] 钱平，王俊，邹金诚，等．生物学专业本科生全程导师制创新人才培养模式的研究与实践［J］．湖北开放职业学院学报，2019，32（17）：10-11.

[8] 俞燕．以导师制为平台的本科生创新人才培养模式探索及实践［J］．职业时空，2011（3）：117-118.

[9] 李东成．导师制：牛津和剑桥培育创新人才的有效模式［J］．中国高等教育，2001（8）：46，21.

[10] 柯朝雄，丁吉超，王晓．全程导师制实施现状调查研究［J］．高等教育研究学报，2015，38（1）：78-82.

[11] 廖满媛．本科生导师制的实践与思考［J］．科教文汇，2009（12）：2-3.

附件一　江苏科技大学师德公约

我们是大学教师，我们以自己的职业为荣。

我们重视每一堂课；我们关爱每一位学生；我们推崇爱与尊重；我们追求责任为先、公平为上、学术为魂；我们努力培育独立之精神、健全之人格；我们致力求真、向善、创新，引领社会进步。

我们承诺：敬持国法师心，绝不传播糟粕；维护教育公平，绝不以教谋私；恪守学术诚信，绝不抄袭剽窃；遵从师生伦理，绝不违背操守。

我们将让教育更纯粹、更真诚，更好地影响未来有影响力的人。

附件二　江苏科技大学师德公约实施办法

为进一步规范教师职业道德行为、保障学生合法权益、促进学校教育事业健康发展，依据《中华人民共和国教育法》《中华人民共和国教师法》《教师资格条例》《高等学校教师职业道德规范》《事业单位工作人员处分暂行规定》等法律法规，结合当前高等教育发展的形势，根据《江苏科技大学师德公约》（以下简称《师德公约》）精神，特制定本办法。

一、实施范围

《江苏科技大学师德公约》实施范围为学校在编在职人员，包括教学、管理、服务三个层面所有从事教育教学工作的教职员工。

二、实施内容

（一）加强师德建设工作领导

成立师德建设工作小组，分管校领导任组长，宣传部、人事处部门负责人任副组长，组员由教务处、学生处、科技处、纪委办、监察处等部门负责人组成。负责师德建设工作的总体指导、协调和《师德公约》执行情况的监督考核工作。

（二）举行立约宣誓仪式

每年9月，组织新进教师在上岗培训前举行立约宣誓仪式，引导教师对遵守师德公约作出承诺。

（三）开展主题活动

大力宣传实践《师德公约》的重要意义，开展丰富多彩的主题教育活动，帮助广大教师全面理解《师德公约》的基本内容，激发广大教职员工的参与热情和履约决心。

（四）加强日常监督

建立师德建设日常监督考评机制，增强工作的透明度和监督检查力度。公开师德先进考核评选程序、完善评选办法并公示评选结果。公布师德违纪行为投诉电话和邮箱，接受举报和申诉，并完善调查、认定、处理程序。

（五）宣传先进典型

大力宣传和表彰实践《师德公约》的先进个人和集体，用身边的人和事教育身边人，注重师德建设成效。

（六）重奖师德先进

每两年评选一次师德先进个人，严把评优指标要求，将真正优秀的师德典型评选出来，给予物质上和精神上的奖励。

（七）严惩违纪行为

及时批评教育师德后进，严肃查处违背师德行为，违纪情况经查实后记入教师个人档案，在教师发展、评优评先、职称评定中实施"一票否决"。对师德败坏者，清除出教师队伍。

（八）建立动态评估调整机制

及时评估《师德公约》实施效果，对实践《师德公约》进展和应对举措进行动态评估调整。

三、考评结果的运用

（一）师德先进典型的奖励措施

（1）师德表现优秀者在评优评先、职称评定时优先考虑。

① 师德情况作为职称绿色通道的前置条件；

② 师德情况作为评选教学模范的前置条件；

③ 师德情况作为评定年度优秀教师、优秀教育工作者、优秀党员的前置条件。

（2）严格程序、严把关口、严控名额，开展师德先进个人及师德建设先进单位评选，并给予奖励。

（3）对师德优秀典型进行宣传，唱响道德主旋律，大力弘扬正能量。

（二）师德"红线"及惩处机制

（1）对存在师德违纪行为的教师进行严肃的批评教育，帮助分析存在的问题，督促整改不足。

（2）对查实存在师德违纪行为的教师，其年度考核只能确定为基本称职及以下等级，对其各种考核考评、评优评先、评职晋升等实行"一票否决"。

（3）以下教师行为均被视为触犯师德"红线"，触及其一将给予纪律处分：

① 在教育教学活动中散布攻击党的领导、社会主义制度或违背社会公共道德的言论；

② 抄袭、剽窃、侵占他人学术成果和存在学术不端行为；

③ 利用教育教学资源或学术资源进行不正当交易；

④ 索要或违规收取学生、家长财物；

⑤ 歧视、侮辱、体罚学生；

⑥ 对学生实施性骚扰或性侵害。

对违反上述规定的，学校将按照规范程序进行调查、认定，一经查实，对违纪行为情节严重、影响恶劣或严重损害学生身心健康者，将予以调离岗位、解聘直至开除的纪律处分。涉嫌违法犯罪的，将移送司法机关依法追究法律责任。

四、实施程序

（一）师德先进评选程序

（1）成立评选小组

校评选小组成员由学校领导、相关职能部门负责人、教职工代表组成。

（2）民主推荐

在全校范围内进行广泛推荐，个人也可自荐，同时接受各二级党组织申报推荐。在广泛推荐的基础上，评选小组进行遴选，产生一定比例的候选人。

（3）严格考核程序

评选小组将会同其所在学院或部门对候选人进行严格的考察。通过网络公布其事迹，开展学生评价、同行评价、社会评价。根据考核结果确定最终评选结果。

（4）结果公示

评选结果将通过适当形式在一定时间内进行公示。对评选结果存在异议者，可向校评选小组提出书面申辩，进行复核。

（5）审核批准

公示结束后，评选小组上报学校审核批准。以文件的形式正式公布评选结果并予以表彰。

（二）触及师德"红线"处理程序

（1）调查

师德违纪行为发生后，由校师德建设工作小组进行初步调查。初步调查认为举报内容不构成师德违纪行为或证据不足的，可结束调查。初步调查认为举报是恶意诬告，且造成严重后果的，应追究举报人的责任；需要进一步查证的，启动正式调查程序，成立调查认定专家组，对行为人的违纪行为进行调查。

调查工作应当按照下列程序进行：

① 核实、审阅原始记录，听取多方面有关人员的意见，收集相关证据。

② 要求被调查人、有关单位及个人提供有关资料，说明事实情况。

③ 初步调查认为确实存在师德违纪行为的，专家组应在学校批准立案后 60 日内对调查的内容和结论作出书面调查报告。调查报告应当包括调查对象、调查内容、调查过程、主要事实与证

据及处理意见。调查报告应提交给校师德建设工作小组。

④ 校师德建设工作小组应将调查认定的事实及拟给予处分的依据告知被调查人，听取其陈述和申辩，并对其所提出的事实、理由和证据进行复核，记录在案。被调查人提出的事实、理由和证据成立的，应予以采信。

（2）认定、处理

校师德建设工作小组根据专家组的调查报告和被调查人的陈述和申辩，作出对被调查人给予处分、免予处分或撤销案件的处理决定，并将处分决定以书面形式通知受处分人，并在一定范围内公布。处分决定自作出之日起生效。

给予教师纪律处分的，应当自学校批准立案之日起 6 个月内作出处理决定，案情复杂或遇有其他特殊情形的可适当延长，但是办案期限最长不得超过 12 个月。

（三）行为人申诉复核程序

依法保障教职工的申诉权。

（1）受处分人对学校作出的处分决定不服的，可以自知道或应当知道该处分决定之日起 30 日内向校师德建设工作小组书面申请复核。校师德建设工作小组对申辩的内容进行复核，并在自收到复核申请之日起 30 日内作出复核决定，并将决定以书面形式通知申请人。必要时，校师德建设工作小组可以组织有第三方参与的听证会，听取申请人的陈述和申辩。

案情复杂的，可以适当延长复核期限，但是延长期限最多不超过 30 日。

（2）受处分人对复核结果不服的，可以自接到复核决定之日起 30 日内，按照规定向省教育主管部门提出申诉。

复核、申诉期间不停止处分的执行，受处分人不因提出复核、申诉而被加重处分。

（3）处分所依据的事实不清、证据不足的，或违反规定程序、影响案件公正处理的，应当撤销处分决定或重新作出决定。

（四）其他

举报人和被举报人有权申请相关利害关系人回避。

在有关举报未被查实前，校师德建设工作小组和参与调查的人员不得公开有关情况；确需公开的，应当严格限定公开范围。

五、实施要求

（一）加强领导

各单位要高度重视，党政共同负责，紧密结合实际，积极推进师德公约及本办法的实施，务求取得实效。

（二）发动群众

各单位要通过各种形式大力宣传实践《师德公约》的重要意义，帮助广大教师全面理解《师德公约》的基本内容，努力营造人人参与、积极支持的良好氛围。

（三）典型示范

加大表彰力度，注重培育、树立教师身边的先进典型，挖掘身边师德模范的感人故事和先进事迹，使师德模范贴近教师、感染教师、引导教师。

（四）注重实效

积极探索开展《师德公约》实践活动的有效方法和途径，确保活动开展得有声有色、有形有实，引导教师树立强烈的职业光荣感、历史使命感和社会责任感，使《师德公约》成为广大教师普遍认同和自觉践行的行为准则，确保活动取得实效。

附件三 江苏科技大学师德、思想政治考核实施办法（试行）

为贯彻落实中共中央、国务院《关于全面深化新时代教师队伍建设改革的意见》，教育部《关于建立健全高校师德建设长效机制的意见》，以及我校《关于进一步加强和改进新形势下思想政治工作的实施方案》，不断加强教职工思想政治教育与师德师风建设，建立健全师德建设长效机制，根据《高等学校教师职业道德规范》《新时代高校教师职业行为十项准则》《教育部关于高校教师师德失范行为处理的指导意见》等文件精神，结合我校实际，特制定本办法。

第一条　以习近平新时代中国特色社会主义思想为指导，坚持价值引领，以社会主义核心价值观为我校教职工崇德修身的基本原则；坚持师德为上、以立德树人为基准，增强我校师德师风建设的针对性、实效性；坚持以人为本，激发主观能动性，努力提高教职工的归属感及责任感；坚持实事求是、公平公正，注重宣传教育和示范引领，促进优良师风校风的形成。

第二条　本办法适用于我校在职的教职工。

第三条　师德、思想政治考核内容包括"爱国守法""敬业爱生""教书育人""为人师表""严谨治学""服务社会"等方面。具体标准如下：

（一）爱国守法

（1）以习近平新时代中国特色社会主义思想为指导，坚持正确的政治方向，拥护中国共产党的领导，全面贯彻党和国家的教育方针。

（2）热爱祖国和人民，遵守宪法和法律法规，遵守学校各项规章制度，自觉履行教师职责和岗位职责，践行《师德公约》，维护社会稳定和校园和谐。

（3）带头践行社会主义核心价值观，弘扬真善美，传递正能量。

（4）自觉提高思想政治素质和业务水平，积极参加政治理论学习和业务学习，树立正确的人生理想、职业理想和价值观念。

（二）敬业爱生

（1）忠诚人民教育事业，乐于从教，以人才培养、科学研究、社会服务和文化传承创新为己任，有大局意识和奉献精神，尽职尽责地完成本职工作任务。

（2）认真学习，刻苦钻研，不断更新教育教学或管理服务理念，拓宽学术视野，优化知识结构，自觉提高自身综合素质。

（3）严慈相济，诲人不倦，真心关爱学生，严格要求学生，公平公正地对待学生，做学生的良师益友。

（4）关注学生思想、学习、生活、就业等情况，及时纠正学生不良行为和错误倾向。

（三）教书育人

（1）坚持育人为本、立德树人。积极参与"课程思政聚合行动"，在教育教学或管理服务工作中，注重对学生的社会主义核心价值观、国情分析、传统文化、人文情怀、专业素养、思想品德、职业道德、科学精神等教育。

（2）勤于钻研教材，认真备课、讲授与辅导，自觉遵守教学纪律和工作纪律，杜绝教学事故、安全事故及其他责任事故的发生，在招生、考试、推优、保研、就业等工作中客观公正。

（3）主动研究教育教学或管理服务方法创新，积极参加相关领域课题研究，并将研究成果运用于课堂教学或管理服务中，不断提高教育教学或管理服务质量。

（4）遵循教育规律和学生成长规律，注重学生创新精神和实践能力的培养，尊重学生个性差异，因材施教，让教学相长取得实效。

（四）为人师表

（1）坚持学为人师，行为世范，自尊自重自爱，模范遵守社会公德，维护社会正义。

（2）具有集体观念，尊重他人，谦虚谨慎，正确处理与学生、领导、同事及其他人的关系，人际关系和谐。

（3）为人正直，作风正派，着装得体，言行雅正，举止文明，自觉提高师德修养，维护教师形象。

（4）坚持原则，处事公道，忠于职守，廉洁自律，自觉抵制以教谋私、以权谋私的行为。

（五）严谨治学

（1）弘扬科学精神，追求真理，勇于探索，不断提高专业研究能力和学术水平。

（2）严谨治学，潜心问道，发扬民主，协同创新。

（3）尊重他人劳动和学术成果，维护学术自由和学术尊严。

（4）坚守学术良知，恪守学术规范，力戒浮躁和急功近利，自觉抵制学术失范和学术不端行为。

（六）服务社会

（1）自觉履行社会责任，承担社会义务，树立正确的义利观。

（2）提供专业服务，促进产学研合作，为地方经济社会发展做贡献。

（3）热心公益事业，关心社会民生，传播优秀文化，普及科学知识。

（4）积极参与或指导学生参与社会实践，并以实践经验指导教育教学等工作。

第四条　组织领导

在学校党委的统一领导下，成立校师德、思想政治考核组，负责制定教职工师德、思想政治考核指标和程序，指导、协调、监督全校师德、思想政治考核工作、审定考核结果等，其中，党委教师工作部主要负责指导、协调各学院（所、校区）及海洋装备研究院开展师德、思想政治考核工作，党委宣传部负责指导、协调其他部门开展师德、思想政治考核工作。各二级党组织（部门）成立部门师德、思想政治考核组，负责具体组织实施本部门教职工师德、思想政治考核工作等。中层领导干部师德、思想政治考核工作由党委组织部组织实施。

第五条　考核方法

师德、思想政治考核采取个人自评、学生测评、同事互评、综合评定等多种形式相结合的方式进行，各二级党组织（部门）在此办法的基础上可自行制定具体考核方法。

第六条　考核程序

师德、思想政治考核每年进行一次，与年度考核同期进行。具体程序如下：

（一）部门师德、思想政治考核组，依据学校相关文件精神，组织开展本部门教职工年度师德、思想政治考核工作。

（二）在结合个人自评、学生测评、同事互评等基础上，进行综合评定，明确考核意见与等级，考核结果在部门内公示7日。考核不合格的，须将结果反馈给本人并说明具体理由。

（三）个人对考核结果有异议，或者公示后有情况反映的，由所在部门考核组对有关情况进一步核实，依据相关规定，做出综合评定。如对部门核实后做出的综合评定结果仍有异议，可在一周内向校师德、思想政治考核组实名进行书面投诉（或申诉），由校师德、思想政治考核组进行再次复核认定。

（四）公示无异议后，各部门将考核结果汇总上报校师德、思想政治考核组，其中各学院（所、校区）及海洋装备研究院报党委教师工作部，其他部门报党委宣传部。

（五）校师德、思想政治考核组根据考核文件精神，审定各部门考核结果。

第七条 考核等级

考核结果分为"优秀""合格""不合格"三个等级，其中优秀的人数不超过本部门参加考核人数的15%。

（一）优秀。结合学校师德、思想政治考核内容与标准，师德表现特别突出，发挥模范和表率作用，具有较好影响的，可评定为"优秀"。

（二）不合格。凡涉及下列"师德负面清单"中行为之一者，师德、思想政治考核等级为"不合格"。

（1）损害国家利益，损害社会公共利益，损害学生和学校合法权益，或有违背社会公序良俗的行为。

（2）在教育教学及其他场合有损害党中央权威、违背党的路线方针政策及其他不利于学生健康成长的言行；或者通过课堂、论坛、讲座、信息网络及其他渠道发表、转发错误观点；或者编造散布虚假信息、不良信息的行为。

（3）违反教学纪律、敷衍教学或擅自从事影响教育教学本职工作的兼职兼薪行为；或者要求学生从事与教学、科研、社会服务无关事宜的行为；或者在教育教学及科研活动中遇突发事件、学生安全面临危险时，擅离职守、逃避职责的行为。

（4）在科研工作中弄虚作假、抄袭剽窃、篡改侵吞他人学术成果、违规使用科研经费，以及滥用学术资源和学术影响的行为；或者在招生、考试、推优、保研、就业及绩效考核、岗位聘用、职称评聘、评优评奖等工作中徇私舞弊、弄虚作假的行为。

（5）索要或收受学生及家长或服务对象的礼品、礼金、有价证券、支付凭证等财物，或者参加由学生及家长或服务对象付费的宴请、旅游、娱乐休闲等活动，或者利用家长、服务对象等资源谋取私利的行为。

（6）假公济私，擅自利用学校名义或校名、校徽、专利、场所等资源谋取个人利益的行为。

（7）对学生实施猥亵、性骚扰或与学生发生不正当关系的行为。

（8）不遵守学校规章制度，无理取闹，纠缠、恐吓或威胁其他教职工或学生，影响学校正常工作的行为；或者歪曲事实，造谣诽谤，恶意诬告，造成恶劣影响的行为。

（9）有违法违纪并受到党纪政纪处分或司法处理的行为。

（10）由部门考核组认定的其他违反师德的行为。

（三）合格。除"优秀""不合格"等级外，其余情形者，师德、思想政治考核等级为"合格"。

第八条　平时因涉及"师德负面清单"中的行为被举报且经查证属实的，当年度师德、思想政治考核可直接认定为"不合格"，并按有关规定及时进行处理。

第九条　对于涉及违反师德师风的行为，部门考核组应听取本人陈述和申辩，并对相关事项进行充分调查与取证。在考核测评或举报环节中，凡涉及"师德负面清单"中行为的，须由测评人或举报人说明事实依据，或者提供具体调查线索，否则视为无效。

第十条 师德、思想政治考核优秀者，年度考核可优先推荐为优秀；师德、思想政治考核不合格者，当年年度考核为不合格。

第十一条 师德、思想政治考核结果作为教师资格认定、职务（职称）晋升、岗位聘任（晋级）、研究生导师遴选、骨干教师选培、学科带头人（专业负责人）遴选、人才工程及科研项目申报、评奖评优等工作的重要依据，考核不合格者，实行"一票否决"，取消以上申报资格。担任研究生导师的，还应采取限制招生名额、停止招生资格直至取消导师资格的处理。以上取消相关资格时限按有关文件要求执行，但不得少于 24 个月。

第十二条 对于考核不合格人员，情节较重应当给予处分的，还将根据《事业单位工作人员处分暂行规定》给予行政处分，包括警告、记过、降低岗位等级或撤职、开除，需要解除聘用合同的，按照《事业单位人事管理条例》相关规定进行处理。情节严重、影响恶劣的，将依据《教师资格条例》报请主管教育部门撤销其教师资格。是中共党员的，同时给予党纪处分。涉嫌违法犯罪的，及时移送司法机关依法处理。

第十三条 对师德失范行为的处理，应坚持公平公正、教育与惩处相结合的原则，做到事实清楚、证据确凿、定性准确、处理适当、程序合法、手续完备。相关调查应遵循保密原则。

第十四条 当事人对处理决定不服的，可按照有关规定提出复核、申诉。处理决定执行期满后，可视悔改表现予以延期或解除，处理决定和处理解除决定存入个人人事档案。

第十五条 师德师风建设坚持权责对等、分级负责、层层落实、失责必问、问责必严的原则。各二级党组织（部门）是师德师风建设的主体责任单位，部门党政主要负责人是第一责任人，担负直接领导责任。学校将师德师风建设列为部门工作考核和绩效考核的重要内容，同时也将其作为领导干部考核的重要内容。

第十六条 对于相关部门和责任人不履行或不正确履行职责，有下列情形之一的，根据职责权限和责任划分进行问责：

（一）师德师风制度建设、日常教育监督、舆论宣传等工作不到位。

（二）师德失范问题排查发现不及时。

（三）对已发现的师德失范行为处置不力、方式不当或拒不处分、拖延处分、推诿隐瞒。

（四）对已作出的师德失范行为处理决定落实不到位，师德失范行为整改不彻底。

（五）多次出现师德失范问题或因师德失范行为引起不良社会影响。

（六）其他应当问责的失职失责情形。

第十七条　如出现师德失范问题，所在二级党组织（部门）将不能参评当年及下一年度先进集体、优秀基层党组织等荣誉。所在部门党政主要负责人年度考核不得评为"优秀"，且需向学校分别做出检讨，并由学校依据有关规定视情节轻重采取约谈、诫勉谈话、通报批评、纪律处分和组织处理等方式进行问责。

第十八条　进一步加强师德监督，充分发挥学生评教机制以及教职工代表大会、工会、学术委员会等在师德建设中的作用，并利用网络平台建立师德举报邮箱，及时发现师德失范行为。

第十九条　广大教职工要自觉加强师德修养，严格遵守师德规范，严以律己，为人师表，把教书育人和自我修养结合起来，坚持以德立身、以德立学、以德施教、以德育德。

第二十条　学校各部门要积极贯彻落实师德建设长效机制，注重引导，强化监督，及时纠正师德不良倾向和问题，做好劝诫、督促整改工作，对师德问题要做到有诉必查，有查必果，有果必复，进一步打造风清气正的良好师德师风环境。

第二十一条　本实施办法自发布之日起执行，由党委宣传部、党委教师工作部负责解释。

附件四　江苏科技大学师德失范行为处理办法（试行）

第一条　为进一步落实立德树人根本任务，弘扬新时代师德风尚，强化师德师风监督管理，规范我校教职工履职履责，根据《中华人民共和国教育法》《中华人民共和国教师法》《教师资格条例》《事业单位人事管理条例》《事业单位工作人员处分暂行规定》《教育部关于建立健全高校师德建设长效机制的意见》《高等学校教师职业道德规范》《新时代高校教师职业行为十项准则》《教育部关于高校教师师德失范行为处理的指导意见》《江苏省高校教师师德失范行为处理办法（试行）》等规定，结合我校实际，制定本办法。

第二条 本办法适用于我校事业编制和人事代理人员。

第三条 本办法所称师德失范行为如下：

（一）在教育教学活动中及其他场合有损害党中央权威、违背党的路线方针政策及其他不利于学生健康成长的言行。

（二）损害国家利益、社会公共利益、学生和学校合法权益，或违背社会公序良俗的行为。

（三）通过课堂、论坛、讲座、信息网络及其他渠道发表、转发错误观点，或者编造散布虚假信息、不良信息的行为。

（四）违反教学纪律，敷衍教学，或者擅自从事影响教育教学本职工作的兼职兼薪行为。

（五）与学生发生不正当关系，有任何形式的猥亵、性骚扰行为。

（六）抄袭剽窃、篡改侵吞他人学术成果，或滥用学术资源和学术影响的行为。

（七）在招生、考试、推优、保研、就业及绩效考核、岗位聘用、职称评聘、评优评奖等工作中徇私舞弊、弄虚作假的行为。

（八）索要、收受学生及家长或服务对象的礼品、礼金、有价证券、支付凭证等财物，或者参加由学生及家长或服务对象以多种形式付费的宴请、旅游、娱乐休闲等活动，或者利用家长、服务对象等资源谋取私利的行为。

（九）假公济私，擅自利用学校名义或校名、校徽、专利、场所等资源谋取个人利益的行为。

（十）要求学生从事与教学、科研、社会服务等无关事宜的行为。

（十一）违反学校规章制度，严重影响学校正常工作的行为；或者有歪曲事实，造谣诽谤，恶意诬告，造成恶劣影响的行为。

（十二）经认定的其他违反师德的行为。

第四条　学校师德建设工作领导小组（以下简称"领导小组"）负责我校师德建设工作的总体规划、指导、协调与监督，协调查处师德失范行为。领导小组下设办公室，办公室设在党委宣传部，负责开展日常相关工作。领导小组各成员部门负责对应领域的师德师风建设工作。

第五条　涉及专任教师的师德失范行为由党委教师工作部牵头核查，涉及科级以上领导干部的师德失范行为由党委组织部牵头核查，其他人员的师德失范行为由党委宣传部牵头核查。各二级党组织（部门）为调查取证工作的具体实施主体。

第六条　投诉或举报原则上应以实名形式提出，投诉或举报材料须符合下列条件：

（一）有明确的举报对象。

（二）有涉嫌师德失范行为的具体事实。

（三）有客观的证据材料或查证线索。

如有借举报故意捏造事实，诬告陷害他人的或以举报为名制造事端，干扰学校正常工作的，应当承担相应的法律和纪律责任。

第七条　对于师德失范行为，按以下程序进行查处：

（一）有关部门牵头，行为当事人所在二级党组织（部门）负责对相关问题进行调查核实，调查须认真听取行为当事人的陈述和申辩，并在查清事实的基础上形成书面调查报告报送领导小组办公室。调查报告应当包括行为当事人的确认、调查过程、事实认定及理由、是否构成师德失范行为的结论及初步处理意见或建议等。

（二）领导小组对调查报告及结论进行复核，对情节轻微的，可直接认定；对情节严重的，需提交学校党委常委会审议决定。

（三）学校有关部门执行处理决定，并以书面形式将处理决定通知行为当事人。

（四）行为当事人如对处理决定不服，可以自知道或应当知道该处理决定之日起 30 日内，向领导小组办公室提交书面复核申请和材料，并提供相应证据。领导小组根据情况责成相关部门按程序进行复核。学校应当自接到复核申请后的 30 日内作出复核决定。

（五）对学校复核结果不服的，可以自接到复核结果之日起 30 日内，按照规定向学校主管部门提出申诉。复核、申诉期间不影响处理决定的执行。

（六）处理决定执行期满后，根据当事人表现予以延期或解除。处理决定和处理解除决定存入个人人事档案，其他有关材料由相关部门进行单独存档。

第八条 师德失范行为的调查和处理工作应当在受理之日起 6 个月内完成；情况复杂或遇到其他特殊情形的可以延长，但是查处期限最长不得超过 12 个月。

第九条 师德失范行为的调查应遵循保密原则，当事各方均不应公开调查的有关内容，存在利害关系的，应当回避。

第十条 对师德失范行为的处理，应做到事实清楚、证据确凿、定性准确、处理适当、程序合法、手续完备。

第十一条 师德失范行为经调查属实后，对情节较轻的，可视情况给予以下相应处理：

（一）给予批评教育、诫勉谈话、责令检查、通报批评，取消其在教师资格认定、评优评先、职务晋升、职称评定、岗位聘用、工资晋级、干部选任、研究生导师遴选、学科带头人（专业负责人）遴选、骨干教师选培、申报人才计划、申报科研项目等方面的资格。担任研究生导师的，限制招生名额、停止招生资格或取消导师资格。以上取消资格时限有专门文件规定的，则按相关文件要求执行，但不得少于 24 个月。

（二）当年师德、思想政治考核和年度考核不合格。

第十二条　对情节较重的，除按第十一条规定进行处理外，同时对行为当事人按以下情况进行相应处分：

（一）对于有违反政治纪律、言论和活动损害国家声誉、违反廉洁从业纪律、学术不端等行为的，根据《事业单位工作人员处分暂行规定》给予警告、记过、降低岗位等级或撤职、开除等处分，或解除人事聘用关系。

（二）对于弄虚作假、骗取教师资格的，品行不良、侮辱学生，影响恶劣的，除给予处分外，学校应当依据《教师资格条例》报请省教育厅撤销其教师资格。是中共党员的，同时给予党纪处分。涉嫌违法犯罪的，及时移送司法机关依法处理。

第十三条　校党委书记和校长是师德师风建设第一责任人，二级单位党政主要负责人对本单位师德师风建设负直接领导责任。对于相关单位和责任人不履行或不正确履行职责，有下列情形之一的，根据职责权限和责任划分进行问责：

（一）师德师风制度建设、日常教育监督、舆论宣传等工作不到位。

（二）师德失范问题排查发现不及时。

（三）对已发现的师德失范行为处置不力、方式不当，或者拒不处分、拖延处分、推诿隐瞒。

（四）对已作出的师德失范行为处理决定落实不到位，师德失范行为整改不彻底。

（五）本单位多次出现师德失范问题或因师德失范行为引起不良社会影响。

（六）其他应当问责的失职失责情形。

第十四条　因不履行或不正确履行职责，本单位出现师德失范问题，所在二级单位党政主要负责人年度考核不得评为"优秀"，且需向学校做出检讨，并由学校依据有关规定视情节轻重采取约谈、诫勉谈话、通报批评、纪律处分和组织处理等方式进行问责。同时，所在二级单位将不能参评当年及下一年度先进集体、优秀基层党组织等荣誉。

第十五条 学校设立师德失范问题投诉举报电话和邮箱，鼓励广大师生及社会各界对我校教职工的师德师风进行监督。

第十六条 本办法未作规定的，按照法律法规规章、行政规范性文件以及我校规章制度的相关规定执行。

第十七条 本办法自 2019 年 12 月 1 日起施行，由党委宣传部、党委教师工作部负责解释。

第4章　学科交叉的教学资源建设

教育早期，教师是讲坛的圣人、知识的权威。教师作为信息源，将知识单向传递给学生，学生只能被动地接受。20世纪70年代，随着录像、卫星、CAI技术的发展，媒体资源的作用日益凸显，师生沟通交流日益顺畅，人们逐渐意识到学生是学习活动的主体。到了80年代，学习心理学的发展推动了教育技术的进步，媒体不仅是传递信息的"通道"，而且构成认知活动的空间和领域。90年代以后，多媒体、人工智能、因特网技术开辟了与传统教育技术截然不同的新局面，教学资源被提高到非常重要的地位。21世纪，虚拟现实网格技术迅速发展，教育教学理论、教学模式、课程内容、学习方式、教学评价、教育管理等教育领域发生着深刻的变革，教学资源建设也得到了空前的重视。关心教学资源建设，加强教学资源的认识和研究成为当前极为迫切的任务。教学资源建设随着教育理念、教育技术的发展而前进，是一项与时俱进的、需要长期建设与维护的系统工程。

4.1　教学资源建设的背景

4.1.1　教学资源的含义

广义的教学资源是指一切可用于教育、教学的物质条件、自然条件、社会条件和媒体条件，是教学材料与信息的来源。它涵盖的范围非常广，不仅包括非生命的各类实物，还包括具有能动性的有生命的人力资源。

美国教育传播与技术协会（Association for Educational Communications and Technology）在 1994 年给出的教学资源的定义包括教学材料、教学支持系统和教学环境。教学材料是指蕴含大量的教育信息，能创造出一定教育价值的各类信息资源，通常包括教材、案例、影视、图片、课件、试卷、文献资料等，是整个教学资源的基础内容。教学支持系统主要指支持学习者有效学习的内外部条件，包括学习能量的支持、设备的支持、信息的支持、人员的支持等。教学环境不只是教学过程发生的地点，更是学习者与教学材料、支持系统之间交流的过程中所形成的氛围，它最主要的特征是具有交互性，以及由此带来的交流效果。

本章所讨论的教学资源主要包括两方面：一是材料性的教学资源，蕴涵教育信息，能以数字信号的形式在互联网上进行传输，包括各种数字化的素材、试题试卷、课件、教学案例、文献资料、教学软件、补充材料等。二是物化性的实物教育载体，能为教师培养学生提供必要的场所和工具，如实验室、实训基地、仪器设备等。

教学资源建设就是指对教学资源进行收集整理、有机融合，并在科学评价资源质量的基础上通过技术研发实现资源利用共享的过程。

4.1.2　教学资源建设的重要性

4.1.2.1　教学资源建设是教育信息化的重要组成部分

随着网络技术的迅速普及，社会的发展与信息技术的关系越来越密切。信息技术对社会各行业的发展产生了深远的影响，教育信息化更是关系整个国家和民族的未来。2002 年，《教育信息化"十五"发展规划（纲要）》指出：建设为各级各类教育服务的教育教学资源是教育信息化建设体系五大组成部分之一。为加快教育现代化和教育强国建设，推进新时代教育信息化发展，《国家中长期教育改革和发展规划纲要（2010—2020）》、《教育信息化十年发展规划（2011—2020 年）》（教技〔2012〕5 号）、《教育信息化"十三五"规划》（教技〔2016〕2 号）、《国家教育事业发展"十三五"规划》（国发〔2017〕4 号）等文件相继出台。加快教育信息化进程，加强优质教育资源的开发与应用，加强网络教学资源体系建设，开发网络学习课程，促进数字图书馆和虚拟实验室等教学资源建设快速发展，取得了前所未有的成绩。紧跟国家"互联网+"、大数据、新一代人工智能等重大战略的任务安排，2018 年 4 月 13 日，教育部正式发布《教育信息化2.0 行动计划》（教技〔2018〕6 号），积极推进"互联网+教育"发展，加强教育现代化和教育强国建设，建成国家教育资源公共服务体系，实现教学资源共享。教学资源建设是加快教育信息化进程的重要组成部分。

4.1.2.2　教学资源建设是实施网络教学的基础

随着信息技术的发展，网络跨越了时间和空间的距离，为我们提供了资源共享平台，大大扩展了获取信息的范围与方式。然而，网络只是信息传播的载体，信息资源的汲取和共享才是人们使用网络的目的所在，丰富的教学资源支持是一个关键的因素。一方面，教学资源的建立为学习者创造良好的学习环境，为他们提供大量的教育信息和学习资源，让他们可以很容易地通过资源学习各类知识。通过学习，更能培养学生获取、加工、分析、创新、利用、交流信息的能力。教育资源多，更新速度快，学习者必须"有选择地学、不断地学"，从而使培养的人才具有发散性思维、批判性思维和创造性思维，具有获取信息的能力、创新能力和终身学习的能力。另一方面，教学者可以从网络中获取大量的教育和科研信息，有利于进行教学和科学研究，提升教学能力，为人才培养提供保障。

4.1.2.3　教学资源建设满足新型教学结构的需求

随着现代信息技术的蓬勃发展及其在教学活动中不断被探索和应用，教学媒体在达成教学目标、优化教学过程、改变教学方式等方面起着重要作用，教学结构的要素由原来的"教师、学生、教材"三要素改变为"教师、学生、教材、教学媒体"四要素，实现了从"以教师为中心"到"以学生为中心"，再到"主导—主体"的教学结构的转化。教学资源建设提供了多元化的教学内容和开放式的教学环境，教师可根据教学意图和教学目的借助教学资源创设情境、引出问题，激发学生的学习热情；学生可以搜索获取、分析和利用教学资源，主动思考、主动探索、主动发现，实现对知识的重新构建，努力成为具有创新思维和创新能力的创新型人才。

4.1.2.4 教学资源建设实现了教学模式的创新

教学模式是在一定教学思想或教学理论指导下建立起来的较为稳定的教学活动结构框架和活动程序。随着教学资源的建设，信息技术与教学资源进一步整合，营造出一种全新的教学环境。这种环境能够支持情境创设、启发思考、自主学习、问题探究、信息获取、资源共享、多重交互、协作交流等多种教育活动，从而支持"生成性"教学模式、"自学—辅导"教学模式、"探索—发现"教学模式等多种新型教学方式，使学生的主动性、积极性、创造性得到充分的发挥。将各种科学的教学模式不断应用于教与学的领域，为真正实现适应当代社会发展需求的创新应用型人才的培养创造了客观条件。

4.1.3 教学资源的建设趋势

4.1.3.1 教学资源信息化

现阶段，高等学校校园网络已经普及，无论是校舍还是教学办公区，抑或是校园管理机构，都实现了网络全覆盖；在农村或偏远山区，网络也在逐步推进；同时计算机和智能手机的普及也达到了空前规模。这些均可为教学资源信息化提供硬件基础。教育部还成立了专门的教育信息化工作办公室，省市级教育行政机关也有了相应的信息化机构。国家的重视和政策的扶持，为教学资源信息化提供了管理保障。

信息化的教学资源让学习简单化、移动化，学生在任何地方都能学习。信息化支持庞大的数据量，具有平稳、持续的特性，能够让教学资源迅速适应教育的变革，并结合大数据云平台和人工智能整合创新，真正为学生服务。

4.1.3.2　教学资源开放共享化

知识经济是世界一体化经济的一种表征，资源开放观是指从地区到全球，从微观到宏观，从局部到整体，已在不同层次上共享资源的一种基本观点。随着互联网的服务架构整体转向以用户为中心，开放共享已经成为学习资源建设的潮流，也是教育发展的必然选择。

教育开放与共享于 2001 年由美国麻省理工学院首次提倡使用的"开放课件"发展而来，它通过信息与网络技术向学习者开放学校的课程教学材料，学生可以自由免费查阅各种教育类资源。开放共享、合作双赢成为当今世界高等教育领域日益关注的热点。开放教学资源内容已经取得了全球认可，所有国家已把它作为一种有效分配优质资源的手段。实际上，教学资源开放共享，一方面意味着越来越多的内容被开放出来共享，另一方面也意味着资源本身的结构从封闭向开放转型。

资源内容共享化打破了教育的不平衡性，名师和优质课程不再是属于某个学校、某个地区，而是属于每一个人。资源结构的封闭模式，即"专家生产，用户消费"的单向信息传递模式，使得教学资源一旦创建，只允许创建者修改更新资源内容，学习者只能被动接受创建者呈现的内容，强调的是信息的传递。但教育的过程不仅仅是信息传递，还包含过程的共享和经验的共享。资源结构向开放转型使单向信息传递方式向多源头信息产生的模式转变。分析和共享学习者在使用资源、参与学习活动中产生的生成性信息，不仅提高了信息的生产和更新速度，增加了资源数量，而且更加贴近用户自身的需要。

4.1.3.3　教学资源立体化

长期以来，文本、图像、音频、视频等二维呈现方式是教学资源的重要模式，优美的画面、动听的声音直观具体、生动形象地展示了教学内容，学习者易于接受，学习也更加自主积极。随着计算机性能的迅速提升，虚拟现实技术得到快速发展，可营造逼真、直观的虚拟学习环境，以"身临其境"的方式让学生感受和理解枯燥难懂的理论知识，使学习处于一种准实践状态。学习不再仅是通过网页浏览资源内容，而是通过与虚拟对象的互动，实时反馈学习者输入信息的状态，构建新的认识框架。三维立体的呈现方式使学习资源更加立体化，这与认知者的学习思维相吻合。

4.1.3.4　教学资源碎片化和系统化

移动终端的普及、社交媒体的发展和生活节奏的加快，使得碎片化正成为人类的生活方式。一段精心剪辑的视频、一篇精炼的小文章、一条精华高度浓缩的新闻都是我们生活中典型的碎片化学习资源。碎片化学习资源适应社会的快速发展，有利于知识的快速传播与共享，也有利于人际互联互通。学习资源建设的过程需要我们根据技术和认知针对某个知识点按照一定的教学目的组织教学内容，按照一定教学策略精心设计教学活动并制作成短小但知识完整系统的"碎片"，满足学习者利用零散时间随时随地学习的需求。

但学习资源的碎片化并不等于内容上的绝对彼此孤立。教学资源建设是一项系统工程，教育作为一项国家事业，要综合政策法规、硬件配置、人力统筹、学科高度分化与综合等来考虑彼此之间的关系，这决定了教育资源建设碎片化中包含的系统性。教学资源建设的目的是教育，要依据背后的逻辑关系将碎片化知识关联起来、聚合起来，构成具有一定知识体系的主题知识单元。简言之，完整的小单元构成更为系统的大单元。学习者可以根据自身需要选择其中一部分来学习，也可以有效组合不同单元，选择性地构建自身的知识体系。

4.1.3.5　教学资源移动化

截至 2020 年 12 月，我国网民规模已达 9.89 亿，居全球之首，互联网普及率达到 70.4%，超过世界平均水平。我国手机网民规模达到 9.86 亿，网民通过手机接入互联网的比例高达 99.7%。目前智能手机相当普及，大小城市的街头、公交、地铁等随处可以见到低头刷屏一族。除手机外，平板电脑、学习机等移动终端也备受学习者的喜爱，学习资源建设也从电脑端向移动设备端转移。

移动技术与学习的结合需要在不同移动终端上适应性地展现和运行。传统的资源很大程度上只适应在电脑端使用，无法直接迁移到移动终端，因此需要开发专门为移动终端定制的高质量资源。移动化学习资源需要微而精，虽然零散，但又局部完整，兼顾整体完整，相互独立又彼此关联。移动学习资源形式多样，可以是传统的课件，也可以是电子书、移动端的 App 等。

4.1.3.6 教学资源生成性

生成性学习资源是与预设性学习资源相对的。预设性学习资源是指由教学者、设计者或专家提前设计好的学习资源。这类学习资源建设遵循"专家生产，用户消费"的模式，是单向的知识传输，是静止不变的，这导致资源更新速度慢，难以激发学习者的学习兴趣，难以满足群体的个性化需求。

生成性学习资源泛指网络用户根据自己的兴趣和喜好主动创作或完善的学习资源，包括图文、音频、视频等资源。与预设性资源相比，生成性资源是指网络用户在学习、反思和交流互动中产生的包含一定过程和情景信息的资源。学习者不仅是学习资源的消费者，也是学习资源的生产者，他们可以对学习内容发表评论、参与活动、更新学习资源和创造学习资源，更强调学习的自主性。让学生在积极参与学习资源的建设中，更好地体现学生的主体地位，发挥学生的主动性，改善教学资源的生成方式，提高教学质量。

4.2 教学资源建设的指导思想与建设目标

2019 年，习近平总书记在给全国涉农高校的书记、校长和专家代表的回信中指出："中国现代化离不开农业农村现代化，农业农村现代化关键在科技、在人才。"培养更多知农、爱农的新型人才，推进农业农村现代化，确保国家粮食安全，促进山水林田湖草系统治理，推进乡村全面振兴是涉农专业当前的主要任务。蚕桑产业在我国具有悠久的发展历史，兴桑养蚕是促进农民增收、推进新农村建设的一项重要举措。随着市场拉动和国家实施"东桑西移"项目的推动，尤其是在"一带一路"新背景下，蚕桑产业作为我国经济发展和走向国际市场的重点，将成为农民增收和财政增效的支柱产业。蚕桑产业的快速发展急需足够的不同层次和不同类型的科技人才支撑，确保产业持续稳定健康发展。

教学资源建设应紧密围绕立德树人的根本任务，根据经济发展对蚕桑生产的人才需求，按照国家基于"四新"（新工科、新农科、新医科、新文科）理念的教学资源建设要求，遵循教育教学规律，主动适应学习者个性化和多样化的学习需求，遵照国家统筹规划、重点布局，建用并进、动态更新，多方协同、完善保障的建设原则，推动信息技术与教育教学深度融合，建立科学的"课程—专业—学院"三级递进的开放共享教学资源。

教学资源建设应优选行业优质教学内容，采取先进教学方法，编写优秀教材，创建高水平实验实训平台，实施信息化教学管理，构造能够满足蚕桑产业人才培养需求的教学资源建设长期持续发展的应用体系。最终打造"整合共享型"教学资源集成平台，建立"校企科研院所协同开发"的教学资源持续更新机制，构建"校企联合、双师共育"的教学资源应用布局，以"创新引领、应用导向"为资源构建标准的"资源汇集—整理优化—创新应用—更新发展"的链条式资源建设机制，为提高蚕桑产业人才培养质量和国家经济社会发展服务。

4.3　教材及专著资源

4.3.1　教材资源建设

教材是对某学科现有知识和成果进行综合归纳和系统阐述，较少进行新的探索或提出一家之言，在材料的筛选、概念的解释、不同观点或学派的介绍，以及学科知识的综合归纳、分析论证和结论等方面，都具有全面、系统、准确的特征。教材是学生在学校获得系统知识的主要材料，也是教师进行教学的主要依据。

我国近代教育家陆费逵曾明确提出："国立根本，在乎教育，教育根本，实在教科书。"由此可见，建设高水平教学体系，建设优质教材资源，是铺就现代化高素质人才培养这条道路的基石。

我国高校教材建设一直与中国高等教育的发展相伴而行，但高等教育教材改革的兴起始于"九五"期间，并产生了系列教材——面向 21 世纪课程教材。经《关于"十五"期间普通高等教育教材建设与改革的意见》（教高〔2000〕1 号）《国家教育事业发展第十二个五年规划》（教发〔2012〕9 号）等国家政策的指引，我国高等教育教材建设和改革取得了一系列成果。随着国家精品课程的推进和信息技术的发展，教材资源建设进一步创新。2016 年，中央出台《关于加强和改进新形势下大中小学教材建设的意见》，从制度层面将教材建设明确为国家事权，依法依规推进教材体系建设；2017 年，国家教材委员会和教育部教材局正式成立，负责指导和统筹全国教材工作；2018 年，国家教材委把制定《普通高等学校教材管理办法》列入年度工作要点。2020 年，国家教材委员会印发《全国大中小学教材建设规划（2019—2022 年）》，对高等学校教材建设提出了新的要求：坚持以提升整体质量为首要目标，以打造精品教材为引领，力求全面推进不同类型高校教材建设；适应新形势，瞄准国家战略需求，围绕人工智能、大数据、区块链、网络空间安全、环境科学、海洋科学、能源科学等领域，集中力量编写一批新教材；适应提升学生实践能力、创新创业能力的需要，加强实验、实践性教材和创新创业教育教材建设；适应信息技术与教育教学深度融合的需要，满足互联网时代学习特性的需求，建设信息技术与教育教学深度融合、多种介质综合运用、表现力丰富的高等学校教材新形态。由此，教材资源建设进入一个全新的发展阶段。

4.3.1.1 教材资源的呈现类型

当前教材资源依照媒体的表现形式主要分为四大类型：纸质媒体教材资源（2001年以前）、数字媒体教材资源（2001—2003年）、网络媒体教材资源（2003—2010年）和跨界媒体教材资源（2011年至今）。

教材资源建设最早来自传统纸质媒体，主要是教材或教材的配套资源，如配套练习题、助学材料、实验指导材料等静态文本，着重呈现的是学习内容。纸质媒体教材资源以图文印刷技术为支持，在传统教育中应用广泛，但内容相对封闭，缺乏交互，体现形式单一。

2001年，美国麻省理工学院首次提出"开放课件计划"（OCW），随着项目的开展，教材资源建设由纸质媒体形态逐渐走向数字媒体形态。数字媒体教材资源以数字性、媒体性、依附性为典型特征，以电声设备、音响制作技术等为技术支持，以CD光盘、学习卡、单机版CAI课件等为表现形态，得到广泛关注。但其与纸质教材内容重合度大，表现形式以内容为中心，缺乏合理的教学设计，缺少按学习者需要的方式组织教材资源；单向性的信息传递模式，缺乏师生互动；依赖电脑，不具有移动性和便捷性。因此，数字媒体教材资源仅在知识呈现形式上发生变化，扮演着一种配套教辅工具的"角色"。

随着OCW的深入开展和2003年我国精品课程建设的正式启动，网络媒体教材资源在网络平台上得到广泛传播。网络媒体教材资源以开放性、网络性、公共性为特征，以网络技术、多媒体技术、超链接技术等为技术支持，以网络课程、PPT课件、题库系统等为表现形式。网络媒体教材资源不仅改变了传统教材的表现形态，而且转变了教材资源的传播方式，但技术改变的只是教材资源的形态，保持以知识为中心，剥离了学习过程与教材资源，没有真正促进学习者学习目标的达成。

2011年，随着国家精品开放课程的实施，我国网络教育资源进入"精品资源建设和开放共享并重"阶段，同时，物联网和移动互联等互联网技术的应用促使教材资源跨界媒体形态形成。跨界媒体教材资源以共享性、互联性、跨界性为特征，以微信平台、APP 技术、二维码技术等为技术支持，以微课、学习支架、评价量表等为表现形态。教材资源能够在不同承载媒体之间交叉传播与整合，具有合作、共生、互动与协调的机制。无论是在资源有效利用方面、共享方面，还是在资源内容等方面都表现出了极大的优势。这种跨界媒体教材资源是书联网的主要建设目标，体现以社会需求和学习者为中心，不仅改变了学与教的方式，也考虑到了资源升级，最终通过教材资源建设推动教育教学方式的革新。

教材资源从纸质媒体到跨界媒体的发展过程依赖于信息技术的发展，与在线课程的发展一脉相承，共同对新时代创新应用型人才的培养发挥作用。教材的编写更应该符合人才培养的需要：① 教材内容应具有时代性。要充分考虑学科差异，注重追踪学科发展和趋势，与信息技术发展所引起的人类知识更新速度加快相适应。② 在教材形式上，打破对一本白纸印了字的书的传统理解，深入探讨适应教育变化、教学变化、教学方式变化、教育技术和出版技术变化的新形态教材，将单一的纸本教材与其他媒体有机结合，使个性化学习、选择性学习和互动性学习成为可能，打造纸质教材、电子教材和网络教材有机结合的立体化教材资源。③ 在传统文字内容表现形式的基础上，利用信息技术融图像、图形、图示、表格、声音、动画等为一体。④ 注重知识、素养、能力培养一体化。创新应用型人才的培养要求教材在侧重知识和素养培养的基础上，更多地向培养学生的应用能力、学习能力、创新能力方面倾斜，善于以探讨的方式向学习者提出启发性的问题。通过展现不同的观点，引导学生进行思考，利用思维拓展训练等方式激发学生的创新思维；在注重教材理论水平的前提下，兼顾对学生实践能力的训练和培养。

4.3.1.2 教材资源建设对人才培养的重要性

（1）教材资源建设是高校教育发展的重要环节

从国际环境看，随着我国与国际社会融合发展，国内教育形势受到冲击。培养什么样的人，怎样培养人，需要什么样的条件等问题都对我国高等教育的教学模式、教学目标、教材建设等产生影响。教育者必须认清形势，适应人才培养需求，对高校教材进行重修更新或整合重编，最大限度地发挥教材在人才培养中的作用。从国内环境看，教材建设是高校教育教学中的基础性教学资源建设，是丰富教学内容、提升教学效果、保证人才培养质量的重要部分。

（2）教材建设是高校人才培养的前提

教材是教学内容的主要载体，是学生学习知识、发展智慧，教师传授知识、培养学生的主要工具。教材的优劣，直接影响教学质量，影响创新型、应用型、复合型人才的培养。高校教材是专门为培养人才而编写的，具有一定的思想性、系统性和目的性；是根据教育部颁发的专业目录和课程教学大纲、教学计划和教学时数编写的，对学生教育有着导向作用。学生通过教材可以获得更多的知识，对教师所传授的知识有更深入的理解和吸收。根据新时代创新应用型人才培养的需要，在教材编写过程中，要注意活化基础理论，把理论知识与实践活动有机结合，把解决实际问题上升到理性的角度；同时加强对学生的综合能力和综合素质的培养，提高教材的实用性和适用性。

（3）教材建设是高校教师发展的促动力

教材建设是高等学校三大基本建设之一，是教学工作中极其重要的组成部分。教材建设与师资教学水平、教学研究、科学研究之间是互相促进的关系。没有科研和教研，不可能有新的内容编写教材，也编不出具有自身特色的教材。教材建设与学科建设和课程建设之间存在良性互动的关系。教材建设是课程建设的基本内容，能促进教学改革的发展；教材建设对教师科研有促进作用，能促进学科水平的提升。教师教学水平的提高为创新应用型人才培养提供保障。

4.3.1.3　高校教师选择教材资源的依据

教材资源是教师教学的素材，能打开教师的教学思路，以达到教学的目标。教师选用教材不仅要考虑"符合教学大纲要求""符合本课程的教学基本要求"等基本衡量指标，更要考虑"符合教学规律和认知规律""符合全面素质教育的思想要求""有利于学生认知能力、素质能力的协调发展""有利于培养学生的创新思维和创新能力"等重要指标。学校要建立权威性的教材选用评价体系，规范教材选定流程，让教材质量与教学效果相匹配，建立教材质量信息反馈制度。

4.3.2　专著资源建设

专著是指国内外学科专家所撰写的学术著作。从内容来说，专著是对某一知识领域所做的探索，是新的学术研究成果。它属于一派一家之言。专著是科学研究成果的重要载体，是科研成果、思想的系统化总结和升华，对传播学术思想、保存重大研究成果、指导科研工作具有极其重要的作用。

专著，尤其是学术专著，是对社会科学或自然科学的某一学科、某一知识领域，从理论上进行比较专门、系统的分析和研究的著作。专著的撰写过程是作者对所写命题的系统化总结，又是对学术理论、学术思想的更深入学习和理解，以及对科研成果的系统化总结和再次创作。优秀的专著具有长时效性，能够传播学术思想、保存重大研究成果，对他人的科研工作也具有重要的借鉴和指导意义。教师可以通过专著丰富教学内容，指导自身的科研，提升自身的教学能力。学生可以通过专著系统了解和掌握某一领域的知识，有利于自身创新思维的培养和创新能力的提高。

由于撰写一部高质量的专著需要对大量研究成果进行梳理，占用作者较多的时间和精力，同时专著的出版受受众和经费的影响较大，加之学术界越来越重视学术论文，因此其建设远远落后于其他形式的学术产物。

4.4　教学科研平台资源

4.4.1　实验室平台资源建设

当今世界，国际竞争越来越激烈，创新型人才已经成为国际竞争的主要筹码，因此，各个国家都把培养创新型人才放在重要位置。《教育部关于大力推进高等学校创新创业教育和大学生自主创业工作的意见》（教办〔2010〕3号）中明确指出，高等院校应该积极开展创新创业教育，并鼓励学生自主创业，让教育更多地融入实践，为国家的建设发展奠定人才基础。而作为培养创新创业人才的重要和直接阵地，高校实验室在人才培养计划中发挥着重要的作用。时任教育部部长周济在第三届中外大学校长论坛的讲话中指出："高水平实验室是培养创新人才的重要阵地，是科技创新的主要场所，实验室的数量与水平是一所大学科技创新能力的基本标志之一。"实验室资源在高校教育体系整个人才培养中有着不可估量的价值，创新人才培养的质量很大程度上取决于实验室的建设情况和科学研究水平。近年来，全国高校都加大了对实验室建设的投资力度和改革力度，实验室工作受到前所未有的重视。

4.4.1.1　实验室资源在人才培养中的直接功能

（1）指导功能

实验室是学生获得实践指导的重要基地。其一，实验教师指导学生从无到有地学会并领悟实验基本技能，这是显性存在的、可视化、可检验化的作用。其二，学生和团队成员一起学习，一起成长，检验自己的假设和观点，开启自身思维，培养全新、开阔的思考方式。第三，在教师思维、对策和方法指导的基础上，学生能在实验过程中体会实验的内在要求和精神实质，这是隐性存在的，并在潜移默化中发挥着作用。

（2）解释功能

首先，实验过程有助于加强学生对理论知识的理解，帮助学生更好地理解抽象的理论知识。通过亲自动手实验，知识变得更具体，学生能更加客观真实地体会专业知识的构建过程，促进专业技能的形成。其次，实验室独特的环境能使学生获得对人类普遍经验的理解。教师和学生属于不同的个体，因此对知识的理解也不同。在实验过程中，通过彼此交流与合作，促进知识、经验、技能的共享。学生不仅加深了自身对实验的理解，而且也获得了不同于教师和其他同学的思维习惯。再次，解释功能是基于实验项目本身而存在。实验的目的就是对知识的一种解释，随着实验的每一次推进，获得新的假设，再进一步检验和反驳，进行知识的再创造。

（3）整合功能

实验过程是一个理念整合的过程，是实验者情感、态度和价值观念整合的过程。在实验室中，实验人员先充分利用自身拥有的知识和技能，根据自己的观点选择实验方法和实验材料，不断总结实验经验，合理摒弃原有的错误实验观点，获得全新的实验思维。实验人员之间适时交流，通过内部的价值取向，共同营造和谐的实验室协作氛围，增强实验人员之间的凝聚力和向心力，发挥学生的积极性和创造性。

实验是学科知识整合的过程。以蚕桑实验室的实验来说，实验过程所涉及的知识，不仅包括蚕桑专业的知识，而且包括化学、统计学、伦理学、数学等相关知识，体现学科的多样性和知识的多元化。学生在实验的过程中，能学习不同学科的知识，实现知识的有效整合。

（4）引领功能

引领学生的科学意识，开启学生的创新思维。科学精神和创新精神都是实验室实践的产物，通过实验室的熏陶，在实验过程中实现自身价值。实验价值观作为学生对科学的认识、评价和反应，具有鲜明的个性和多样性，良好的实验室氛围能正面引导学生价值观的形成。

引导学生主体性的发挥，培养专业素质高的科技人才。实验室作为教学资源的组成部分，以传播科学知识为基础，致力于培养具有创新意识的高素质科技人才。

引领学科发展的方向，促进社会科学化。实验室每一项新理论、新发现的问世，都会给社会和科学界带来强大的震撼，这对推动人类文明，促进社会科技的发展及经济水平的提高，都发挥着举足轻重的作用。

（5）创新功能

创新思维和创新精神是实验室的灵魂。在实验过程中，实验者只有发挥自身的主动性，摆脱传统思维，采取自主性、发散性和多向性思维方式，才能解决遇到的实验难题，找到相应的实验对策。同时，实验研究过程可以培养实验者的观察、分析、预测、推论等创新能力。实验室教育与普通教育不同，普通教育更关注形成的、确定的知识传授；实验室教育则更侧重前沿知识和不确定性知识的传授，让学生在掌握理论知识的基础上，开创思维，寻求新的知识领域。

上述实验室资源对人才培养的五大功能相互联系、相互依存、共同发展。在教师的指导下，学生认识和理解实验室中的专业知识，通过实验操作将所学知识进行消化，内化整合成个人的知识。在实验操作过程中，学生与成员交流获得启发，构建个人的知识观和价值观，而创新功能始终贯穿实验室整个功能发挥的始终。

4.4.1.2 实验室资源在人才培养中的间接影响

物理学家冯端曾说："实验室是现代化大学的心脏。"心脏推动血液流动，维持生物体的新陈代谢和生长繁殖，而实验室的稳定良性发展则可推动学校各项工作有序进行。学生创新应用能力的培养不仅是实验室直接实操的结果，还受到学校实力、教师教学能力等诸多因素的影响。

（1）实验室建设能提高学校综合实力，促进学科发展，为人才培养提供硬件支持。学科是高校的立校之本、发展之基、力量之源，是高校核心竞争力和综合实力的集中体现。实验室建设是学科建设的重要抓手。"双一流"建设这一国家重大决策的提出，使我国高校之间的竞争进一步增强。各高校要提升自身实力，关键是要建设有自身特色的专业，要依靠优势学科逐步提高其他学科的水平，从而全面提升学校的综合办学实力。通过实验室建设，人才建设不断创新，取得更多的科研成果，进而得到更多的支持，更进一步改善实验环境和办学条件，吸引和培养更多的创新型人才，促进学科不断壮大，形成学科建设和实验室建设相互发展的良性循环。学校综合实力的提高进一步强化了实验室条件，不仅可以激发学生的学习动力，还可以为学生创新应用能力的培养提供硬件支持。

（2）实验室建设能提升教师科研能力，科研反哺教学，为人才培养提供技能保障。教学推动科研，科研反哺教学，教师的科研能力是教学能力的重要体现形式，进一步影响人才培养的质量。教师科研能力体现在科研项目和科研成果两个方面。实验室是争取科研项目的重要条件，要争取到好的科研项目离不开高水平实验室的支持，而科研成果则是科研项目和科研活动的直接体现。同时，在指导学生实验的过程中，教师进一步丰富了自己的教学实践经验，也能发现专业领域的新问题和新思路，为研究内容提供新的素材。借助实验室资源，教师通过对问题的探究，不断创造新的科研成果，不断完善自身业务素养，提升自身教学能力。教师教学能力的提升对学生创新应用能力的培养提供技能保障。

（3）实验室建设能形成实验室文化，熏陶教化学生，为人才培养起到精神动力的作用。实验室在发展过程中逐渐形成独特的文化，其核心是实验室人员的价值观，激发全体成员的潜能，促进实验室积极向前发展。实验室的活动形式是人们自觉的、有计划的、有步骤的、有目的的、有规律的行为，这种行为加上实验室共同认可的规章制度形成实验室文化。实验室文化具有熏陶功能，对群体成员起感化作用，对受教育者的思想品质、道德情操、学习风尚、创新精神等有着巨大的激励作用，为学生创新应用能力的培养提供精神动力。

4.4.1.3　带动创新人才培养的实验室资源建设思路

实验室建设应围绕学校的定位和奋斗目标，以社会对专业人才的需求为依据，以学科建设为引领，以科学研究为支撑，以培养学生的创新能力为核心，以提高学生的实践能力为抓手，把握特色，带动各级各类创新人才的培养。

（1）找准专业定位，明确建设方向

在培养专业人才目标的总体引领下，实验室建设要以自身专业优势为基础，在整体、专业和特色三个层次上把握建设方向。认清自身实验室的教学理论、办学思路、人才培养模式、教学方式、教师队伍等软硬件优的势和劣势，在保证满足基础课、专业课实验教学的基础上，分析梳理学校的办学定位、学科优势、科研水平，挖掘形成具有显示度的自身特色，进一步凝练提升并强化建设，"以点带面"，带动实验室其他各项建设的发展，使实验室建设与管理达到一流水平。

（2）平衡建设投入，软硬件齐进

随着计算机和网络技术的发展，部分课堂理论教学可以被网络教育代替，但实验教学是无法用这种方式取代的，只能更多依赖学校自身的实验条件。创新型人才首先具有创新型思维，而创新型思维取决于实验教学。世界一流高校建设一流的实验室，一流的实验室培养出一流的创新型人才。实验室硬件建设主要包括实验室用房、基础设施、仪器设备、用房环境建设等，其中仪器设备是硬件建设的重心。现代科学起源于科学仪器的使用，许多原创性的科学研究越来越依赖于高端科学仪器的发展。科学仪器的发展促进科学理论的进步，科学理论的进步促进技术的发展和科学仪器的发展。实验室仪器设备建设水平，在一定程度上反映了高校的科研水平和创新人才培养水平。目前许多实验室都加大了硬件的投入力度，无论是短时间重拳出击还是逐年定量稳定发展，都为创新型人才培养提供重要的物质基础（手段）和必要条件（保障）。

　　实验室建设不仅要重视硬件资源的建设，也要注重软件环境的建设，两者齐头并进，相辅相成，互为补充。实验室软件建设包括实验室管理、师资队伍、实验室氛围、设备资源共享等。实验室硬件建设一直是高校实验室建设的重点，在持续投入的基础上，强化软件建设，如信息化管理、校内外资源开放共享、加强实验教师队伍建设、仪器设备使用评价等。只有实验室软硬件齐头并进，才能为创新型人才培养提供坚实的阵地。

　　（3）资源开放共享，构建一体化建设模式

　　实验室蕴涵着大量的资源，随着高等教育改革的不断深入，创新型人才培养与实验室资源利用的密切程度不断提高。要制定实验室开放管理制度，充分发挥实验室作用，着力推进实验室在时间、空间、形式、内容上全方位开放，为学生提供更多的自主学习和研究性学习的机会。但开放实验室应采取"教师主导、学生主体"的教学模式，以保障实验室安全和实验的顺利开展。学生可以参与综合性或设计性课内实验、各级各类科技竞赛、教师科研课题，也可以自主完成科研项目等，使他们了解本学科的最新科研成就，提高独立思维、科学实验的素养，培养自主学习能力、沟通能力和协作精神。

　　建立健全实验室信息管理，按照"资源共享、提高效益"的原则共享实验室资源。建立校内各部门之间的信息资源互通渠道，打通不同学科之间资源共享通道；强化区域内部高校之间的联系，搭建资源共享平台，建立宏观管理和协调机制，提高资源利用率，提高资源投入经济效益。

　　实验室资源建设要通观全局，进行一体化建设，实现基础实验室建设与专业实验室建设、教学实验室建设与科研实验室建设、本科教育与研究生教育的无缝对接，实现理论教师与实验教师、教学队伍与科研队伍的深度融合，形成有利于学生自主学习、有利于创新型研究的实验环境建设。

4.4.2　校外企业实训基地资源

　　实验室是校内创新创业人才培养的重要实践教学场所，而校外企业实训基地则是校内实践教学的延伸，是对实践教学体系的完善，很好地化解了校内实践教学理论与应用脱节的矛盾，培养现代企业所需要的人才。

选择合适、专业对口的优质企业，利用企业的现有厂房、基础设施、设备和市场渠道，让学生亲临生产、建设、管理工作一线，亲身参与生产实践，不仅能接触到真实的生产工艺流程，还能接触到本行业的新技术、新知识、新工艺、新产品和新设备。这些都能使学生加深对校内所学知识的巩固和理解，还能见识到校内学不到的知识，体会所学专业的实际用途。充分发挥企业工作环境的优势，让学生真切地感受到一线的企业环境和企业管理，切身体验严格的工作纪律、一丝不苟的技术要求，感受工作的艰辛、团队合作的价值和成功的快乐，对培养学生的组织纪律观念、良好的职业道德、认真负责的工作态度，以及艰苦朴素的生活作风、团结协作的团队精神和坚定乐观的生活态度都有极大的帮助。

4.4.3 文献数据库平台资源

创新应用型人才的培养对教育者和学习者来说，都离不开对文献的借鉴。文献记载着前人的思维成果，也记载着同代人的生产和科研成果，可以为教育者和学习者提供参考。文献是读书治学、科学研究、终身学习的材料。通过文献全面获取相关信息，及时了解各学科领域出现的新问题、新观点、新方法，以确定自己的研究起点和研究目标，避免重复劳动，有所创新、有所前进。文献数据库是计算机可读的、有组织的相关文献信息的集合，是文献查阅的主要来源。

4.4.3.1 国内常用文献数据库资源

（1）中国知网（CNKI）

网址：http://www.cnki.net

CNKI 由清华大学、清华同方发起，始建于 1999 年 6 月。目前 CNKI 已建成中国期刊全文数据库、优秀博硕士学位论文数据库、中国重要报纸全文数据库、重要会议论文全文数据库、科学文献计量评价数据库系列光盘等大型数据库产品。CNKI 中国期刊全文数据库收录了 1994 年至今的 6600 种核心期刊与专业特色期刊的全文，分为理工 A（数理化天地生）、理工 B（化学化工能源与材料）、理工 C（工业技术）、农业、医药卫生、文史哲、经济政治与法律、教育与社会科学、电子技术与信息科学 9 个专辑，126 个专题文献数据库。

（2）中文科技期刊数据库/维普数据库

网址：http://www.cqvip.com

维普数据库由重庆维普资讯公司开发，收录了 1989 年以来中国境内历年出版的中文期刊 14000 余种，分 3 个版本（全文版、文摘版、引文版）和 8 个专辑（社会科学、自然科学、工程技术、农业科学、医药卫生、经济管理、教育科学、图书情报）定期出版发行。

（3）万方数据知识服务平台

网址：http://www.wanfangdata.com.cn

数据库资源包括中文期刊和外文期刊，集纳了涉及各个学科的期刊、学位、会议、外文期刊、外文会议等类型的学术论文、法律法规、科技成果、专利、标准和地方志，收录了自 1998 年以来国内出版的各类期刊 8000 余种。

（4）超星数字图书馆

网址：http://www.chaoxing.com

超星数字图书馆是中文数字图书馆之一，提供大量的电子资源供读者阅读。资源包括图书、期刊、网页、报纸文章、学位论文、会议论文、专利和视频等，涉及哲学、宗教、社科总论、经典理论、民族学、经济学、自然科学总论、计算机等各个学科门类。

4.4.3.2　国外常用文献数据库资源

（1）SpringerLink

网址：https://www.springer.com/cn

SpringerLink 是全球最大的在线科学、技术和医学（STM）领域学术资源平台。施普林格出版集团每年出版新书 2000 多种、期刊 500 多种，其中 400 多种期刊有电子版，涵盖化学、计算机科学、经济学、工程学、环境科学、地球科学、法律、生命科学、数学、医学、物理与天文学等 11 个学科。在版图书 19000种，其中 60% 是英文版。

（2） ScienceDirect

网址：http://www.sciencedirect.com

ScienceDirect 数据库是荷兰 Elsevier 出版集团推出的在线全文数据库。该数据库将其出版的 1568 种期刊全部数字化，涵盖数学、物理、化学、天文学、医学、生命科学、商业及经济管理、计算机科学、工程技术、能源科学、环境科学、材料科学、社会科学等众多学科。

（3） ProQuest

网址：http://proquest.umi.com/login

ProQuest 收录了 1861 年以来全世界 1000 多所著名大学理工科 160 万篇博、硕士学位论文的摘要及索引，覆盖数学、物理、化学、农业、生物、商业、经济、工程和计算机科学等学科，是学术研究中十分重要的参考信息来源。

（4） isiknowledge/SCI

网址：http://www.isiknowledge.com

SCI 主要收录重要的学术期刊和论文的参考文献并索引，覆盖农业、天文学与天体物理、生物化学与分子生物学、生物学、生物技术与应用微生物学、化学、微生物学、植物科学等 150 多个学科领域。

（5） BP （BIOSIS Previews）

网址：http://ovidsp.tx.ovid.com

BP 是目前世界上最大的生命科学文摘索引数据库，覆盖所有生命科学领域，包括生物学、生物化学、生物工程学、植物学、临床和实验医学、药理学、动物学、农学和兽医学。BP 收录了 90 多个国家的 5000 多种生物学和生命科学的期刊，以及相关的国际会议、综述、书籍和专利信息。

（6）Wiley InterScience

网址：http://www.interscience.wiley.com

Wiley InterScience 收录了 360 多种科学、工程技术、医疗领域及相关专业的期刊，30 多种大型专业参考书，13 种实验室手册的全文，以及 500 多个题目的 Wiley 学术图书的全文。

（7）Blackwell

网址：www.blackwell-synergy.com

目前，Blackwell 出版期刊总数已超过 700 种，其中理科类期刊占 54%左右，其余为人文社会科学类期刊。其涉及的学科包括农业、动物学、医学、工程、数学统计、计算机技术、商业经济、生命科学、物理学、人文科学、艺术、社会及行为科学等。

4.4.4　种质资源库资源

种质是指亲本传给子代的遗传物质，具有种质并能繁殖的生物体称为种质资源，又称为品种资源、遗传资源和基因资源。种质资源库是指以"种"为单位的群体内的全部遗传物质，由许多个体的不同基因所组成，又称为基因库。迄今为止，全世界已建成各类种质资源库 500 多座，收藏种质资源 180 多万份。位于北京的中国农业科学院国家种质资源库收藏种质资源 33 万多份，是世界上最大的种质资源库。目前，国家投入大量资金，采用不同的方式，在不同地区建立了包含作物、野生生物、烟草、中药、水生生物、园艺、水禽、林木等多级别多层次的资源库，为人类保留了珍贵的财产。

种质资源是在不同生态条件下经过上千年的自然演变形成的，蕴藏着各种潜在的可利用基因，是生命延续和种族繁衍的保证。随着经济的发展、对地球的不断开发及生态环境的破坏，每年都有若干个物种消失或濒临灭绝，导致基因失去永不再来。种质资源库将种质资源收集和保存起来，以备子孙后代加以利用，更重要的是，它为研究物种起源和进化、新品种培养提供了丰富的物质基础，为新时代创新应用型人才培养提供了物质支撑。

4.5 在线课程教学资源

随着互联网和高等教育的结合，近几年来，在线课程和在线学习平台在世界范围内迅速兴起，这种新型课程及教学模式打破了教育的时空界限，增强了教学吸引力，扩大了优质教学资源的受益面。互联网正在促进教学内容、教学方法、教学模式、教学管理体制等发生变革，受到越来越多的国内外高校的重视。《国家中长期教育改革和发展规划纲要（2010—2020）》第十九章《加快教育信息化进程》第六十条中明确指出："开发网络学习课程""创新网络教学模式""更新教学观念，改进教学方法，提高教学效果"。2015 年 4 月，《教育部关于加强高等学校在线开放课程建设应用与管理的意见》（教高〔2015〕3 号）充分肯定了在线开放课程在教育教学中的积极作用，提出构建具有中国特色的在线开放课程体系和课程平台，推动我国在线开放课程建设走上"高校主体、政府支持、社会参与"的良性发展道路。2017 年 12 月，教育部公布了首批 490 门"国家精品在线开放课程"；2018 年 12 月又推出了 801 门国家精品在线开放课程（教高函〔2019〕1 号）。由此可见，开发和建设适应我国教育教学的在线课程已成为当前教育改革的一项重要任务。

4.5.1 我国在线课程资源建设的国际背景

美国是最早开展开放教育资源运动和在线课程建设的国家。1989 年，美国凤凰城大学开始推行在线学位计划，1991 年授予首批在线 MBA 学位。2000 年，英国政府开展在线高等教育。2001 年，美国麻省理工学院率先推出"开放课件计划"（Open Course Ware，OCW），所有课程资料上网，对全球学习者免费提供教育资源。2002 年，联合国教科文组织进一步提出"开放教育资源"（Open Educational Resources，OER），"通过信息通信技术向有关对象提供可被自由查阅、改编或应用的各种开放性教育资源"。2005 年，世界各国相继成立"开放课程联盟"（Open Course

Ware Consortium）。2006 年起，英国实施"开放学习"计划，在团队的主导下，基于"知识公益，资源共享"的原则，开设了利用网络虚拟空间的在线公开课程。全新的教育理念、新颖的教学方式，推进了开放教育资源的不断发展。

2007 年 8 月，美国犹他州立大学教授 David Wiley 开设了一门面向全球研究生的网络开放课程"Intro to Open Education（INST 7150）"，开启了大规模在线开放课程（Massive Open Online Course，MOOC）的序幕。2008 年，乔治·西蒙斯（George Siemens）和斯蒂芬·道恩斯（Stephen Downes）在曼尼托罗大学联合开设的"连通主义与连通性知识"课程（Connectivism and Connective Knowledge，CCK08）吸引了 2200 多人在线学习。2011 年，美国斯坦福大学教授巴斯蒂安·特龙（Sebastian Thrun）开设了"人工智能导论"课程，吸引了 190 多个国家约 16 万互联网学习者的参与，在线课程进入了 MOOC 发展时期。由 MOOC 直接催生的 Udacity（优达学城）、Coursera 和 edX"三巨头"在线课程平台也分别于 2012 年 2 月、4 月和 5 月正式上线。MOOC 掀起了美国的一股教育热潮。之后，全球教育界纷纷加入 MOOC 平台。MOOC 不仅受到教育界的广泛关注，也成为媒体、企业和技术团队等关注的焦点。在 MOOC 全球化发展的时代背景下，各国均意识到开设 MOOC 课程是培养国家建设人才的必然选择，纷纷开启了 MOOC 本土化的历程。但随着平台上线课程的激增，学习者人数成几何倍数增长，也暴露了 MOOC 的质量危机。"没有规模限制""没有准入条件"使学习者基础参差不齐、课程质量高低不一，严重影响了学习者的学习信心和个性化学习的开展。2013 年，麻省理工学院、哈佛大学、加州大学伯克利分校等知名大学开始探索小而精的在线课程，小规模限制性在线课程 SPOC（Small Private Online Course）应运而生。SPOC 的学生规模一般为几十人到几百人，对学生设置了限制性准入条件。随后 SPOC 在全球范围内推广，基于 SPOC 的许多 MOOC 变形课程模型，如微型开放线上课程 mOOC（micro Open Online Course）、同步大规模线上课程 SMOC（Synchronous Massive Online Course）、分布式开放线上课程 DOCC（Distributed Open Online Course）、大规模开放线上研究 MOOR（Massive Open Online Research）、区域性开放线上课程 LOOC（Local Open Online Course）等也逐渐凸现，在线开放课程进入后 MOOC 时代。

4.5.2　我国在线课程资源建设的发展历程

自 1999 年我国高等院校大规模扩招以来，接受高等教育的人数迅速增长，我国一跃成为高等教育大国。面对数量庞大的大学生群体，高等教育逐渐由精英教育向大众化教育发展。面对教育信息公开化、国际化大环境，教育资源的开放共享、终身学习、教育公平等理念逐渐被越来越多的人接受和认可。基于信息技术的在线课程建设和推广成为全球越来越多高校的战略性选择，我国高等教育同样融入全球教育资源开放共享的浪潮中。面对我国高等教育资源不足和教育需求不断增长的矛盾，以及全球教育发展的大趋势，我国也开始重视本土在线开放课程的开发和建设。

4.5.2.1　初步探索的"精品课程"建设阶段（2003—2010 年）

2003 年 4 月，《教育部关于启动高等学校教学质量与教学改革工程精品课程建设工作的通知》（教高〔2003〕1 号）中明确提出，建设"具有一流教师队伍、一流教学内容、一流教学方法、一流教材、一流教学管理等特点"的精品课程，并提出了建设精品课程计划，成为我国高校在线课程建设的开端。2005 年，《教育部关于印发〈关于进一步加强高等学校本科教学工作的若干意见〉和周济部长在第二次全国普通高等学校本科教学工作会议上的讲话的通知》（教高〔2005〕1 号）再次强调高等教育要加大教育信息化建设力度，全力建成国家级、省级、校级三级精品课程建设体系。多年来，国家精品课程建设的课程数量已达到一定规模，形成一些较高水平的课程资源。在精品课程建设的示范引领下，我国高校课程建设水平有所提高，教育信息化水平整体优化，极大提升了教育教学质量和人才培养水平。

2003—2010 年间，国家共遴选出国家级精品课程 3909 门，764 所高校的课程获得"国家精品课程"称号，全国高校共有十万余名教师参与了精品课程建设工作。

4.5.2.2　发展壮大的"精品开放课程"建设阶段（2011—2014 年）

随着国家精品课程建设项目的深入推进，其应用实效逐渐显露弊端。2011 年，教育部将"国家精品课程"建设项目升级为"国家精品开放课程"，开启了精品开放课程建设与应用新阶段。"突出开放，普及共享"即弱化了知识精度，强化了科普性、趣味性，提升文化软实力成为精品开放课程的主要提点。

精品开放课程分为精品视频公开课和精品资源共享课两类。精品视频公开课采取"政府主导，高等学校自主建设，专家和师生评价遴选，社会力量参与推广"的建设模式。2011 年，《教育部关于国家精品开放课程建设的实施意见》（教高〔2011〕8 号）中明确指出：精品视频公开课是采用现代信息技术手段，以名师名课为基础，以选题、内容、效果和社会认可度为遴选依据，通过教师学术水平、教学个性和人格魅力，体现课程的思想性、科学性、生动性和新颖性，由科学、文化素质教育网络视频课程与学术讲座组成。教育部对公开课整体规划，制定建设标准，采用"建设一批，推出一批"的方式，在共享系统上和确定的公共门户网站上同步推出。

精品资源共享课采取"政府主导，高等学校自主建设，专家、高校师生和社会力量参与评价遴选"的建设模式。共享课以课程资源系统、完整为基本要求，以原国家精品课程为基础，优化结构、转型升级、多级联动、共建共享。教育部根据教学改革和人才培养需要，统筹设计，优化课程布局。高校按照国家建设要求，对原有精品课程优选转型升级，并适当补充，实现由服务教师向服务师生和社会学习者、由网络有限开放到充分开放的转变。

2011—2013 年间，国家总共投资 3800 万元用于开放课程共享平台建设，2014 年 4 月改为由地方政府和高校自筹经费支持。2012 年 4 月，首批 43 门精品视频公开课通过"爱课程"平台线上发布；2013 年 6 月，首批 120 门精品资源共享课通过"爱课程"平台线上发布。据《高等学校本科教学质量与教学改革工程简报》（2014 年第 6 期）数据统计，截至 2014 年 12 月，平台共发布精品视频公开课 1046 门、精品资源共享课（本科）1764 门（各级各类共 2788 门）。2015 年，"网易云课程"与"爱课程"联合推出的"中国大学 MOOC"平台也正式上线发布。

4.5.2.3　创新创造的"在线开放课程"建设阶段（2015 年至今）

随着互联网技术的快速发展，教育面临着现代信息技术前所未有的冲击。教育信息化是教育对现代信息技术发展的必然回应和选择，教育正朝着更智能化、更具开放性、更加个性化的方向发展。代表教育与信息技术深度融合的产物 MOOC 在悄然改变传统的教育理念和教学形态。针对我国面临的终身教育缺失、教育资源供应不足的问题，作为教育资源重新分配的手段和学校教育的补充，2013 年我国开始建设 MOOC 课程。与此同时，在 MOOC 基础上兴起的微课、翻转课堂等新型在线课程教学形态迅速发展，在线开放课程建设呈现出多样化、个性化的发展趋势。2015 年，《教育部关于加强高等学校在线开放课程建设应用与管理的意见》（教高〔2015〕3 号）中提出构建具有中国特色的在线开放课程体系和课程平台，以"高校主体、政府支持、社会参与"为方针，立足自主建设，注重应用共享，加强规范管理，有力地推动了我国在线开放课程的建设与应用。经过精品课程和精品开放课程的建设阶段，我国进入在线开放课程建设应用和管理的新阶段。

但由于发展时间、技术跟进、建设理念滞后等因素，我国在线课程建设还远远落后于许多国家。借鉴国际上在线课程建设的优秀经验，进一步推进我国本土在线开放课程的建设和发展，是我国高等教育教学改革的目标和任务。

4.5.3 我国在线课程资源的建设理念演变

高校在线课程伴随 2002 年开放教育资源运动的兴起而出现。受国际在线教育潮流的影响，我国高校在线课程建设自 2003 年以来经历了精品课程建设、精品开放课程建设与应用、当前所处的在线开放课程全面建设应用与管理三个阶段，与此同时，高等教育在办学理念、人才培养目标、课程体系、教育环境等方面都发生了深刻的变化。在此期间，我国高等教育相关部门也出台了一系列重要决策，体现出我国在线课程建设的理念演变。

4.5.3.1 由"精品示范"到"开放共享"的演变

2003 年，《教育部关于启动高等学校教学质量与教学改革工程精品课程建设工作的通知》（教高〔2003〕1 号）中定义精品课程为"具有一流教师队伍、一流教学内容、一流教学方法、一流教材、一流教学管理等特点的示范性课程"。"五个一流"的"示范性课程"意味着精品课程建设主要是推动具有示范引领作用的课程建设，以现代信息手段为载体将优质课程资源展示在互联网上，形成示范"标杆"作用，通过"优质资源建设"，带动高等教育质量和人才培养质量的提升。

2011 年，《教育部 财政部关于"十二五"期间实施"高等学校本科教学质量与教学改革工程"的意见》（教高〔2011〕6 号）中指出：利用现代信息技术，建设一批精品视频公开课程，广泛传播国内外文化科技发展趋势和最新成果，展示我国高校教师先进的教学理念、独特的教学方法、丰硕的教学成果。组织高校按照资源共享的技术标准，对已经建设的国家精品课程进行升级改造，更新完善课程内容，建设一批优质资源共享课。由此可见，精品开放课程的主旨在于通过"优质课程建设"构建特色鲜明的各级各类课程，促进教育资源的公开共享。特别是 2015 年在线开放课程全面建设应用与管理第三阶段的到来，使得在线课程的开放共享更为突出，鼓励国内外高校之间开放共享课程资源。只有开放共享课程资源，在线课程才能得以广泛应用和推广，进入教育生态的良性循环。

4.5.3.2　由"重建轻用"经"建用一体"到"建以致用"的演变

教育是立国之本，强国之本。我国历来重视教育的发展，特别是对人才培养起重要作用的高等教育更是如此。随着我国高等教育规模的不断扩大，师资队伍和教育资源配置成为制约教育发展的瓶颈因素，人才培养模式、人才培养质量等问题也逐渐凸显。精品课程建设的初衷是通过示范引领作用，促进高等教育改革和人才培养质量的提升。通过信息化教学环境的营造，进一步缓解我国教育资源不足和教育需求不断增长之间的矛盾。但在"五个一流"所倡导的示范引领理念指导下，精品课程采用了统一的建设标准，出现了形式单一的"样板式"课程，忽略了课程的适应性、可用性和实效性建设；个别课程为了满足评估要求，短期突击建设，注重课程的形式变化，实施资源的简单聚集，忽略了课程的本质、内涵和特点；精品课程通过评审后，必要的监管和评价机制缺失，内容缺乏更新，部分课程因保护未开放而使得学习者无法使用。"重建轻用"是这一阶段的主要特点。

2011 年后，随着国家课程建设一系列政策的实施，"开放共享"理念在精品开放课程中得到体现。精品视频公开课采取"政府主导，高等学校自主建设，专家和师生评价遴选，社会力量参与推广"的建设模式；精品资源共享课采取"政府主导，高等学校自主建设，专家、高校师生和社会力量参与评价遴选"的建设模式。"开放共享"理念强调政府主导，强化了课程建设的整体规划和统筹设计，更加有利于课程的推广和应用；高校自主建设更加注重课程建设本身，有利于课程个性化的体现；尊重高校师生和社会力量的评价意见，提升了课程建设的实用效果。该理念既重视课程资源建设，又关注用户实际需求，逐渐形成了"建用一体"的精品开放课程建设理念。

随着信息化时代的到来和教育技术的发展，学习者的学习需求越来越趋向自主学习，学习者期待在充分实现主体性的基础上获得显著的学习效果。在线课程打破了以专业为单位、以学校为场域的教学服务模式，形成了连接不同学习场景，满足不同学习需求的开放性教学服务模式。在线课程的"应用"是现代教育发展的必然选择，同时，国家在高校在线课程建设方面投入巨大，课程资源总量不断攀升，如果建而不用，则会造成极大的资源浪费。以 MOOC 为代表的在线开放课程建设持续发展，"应用驱动，建以致用"的建设理念逐渐成为国内高校在线课程建设的核心理念。

4.5.3.3　由"自上而下"到"自下而上"的演变

在精品课程、精品开放课程和在线开放课程建设初期，受制于我国高等教育管理体系和结构以及信息技术的影响，高校在线课程建设主要依靠"自上而下"的行政推动。一方面，"自上而下"的推动由国家层面对在线课程建设提出宏观性、战略性的指导，总体规划和引导推动课程建设的有序进行，有利于资源的快速汇集；另一方面，各种规范性意见的出台，对课程建设的质量提出规范化的标准和管理，有利于在线课程的质量保障，同时，国家巨大的投资力度，为课程建设提供了经费保障。但是建设中所形成的"评价驱动""样板式课程""重建轻用"等问题使得某些课程与实用、使用相脱节；而服务对象对课程资源的应用仅仅依靠行政手段的推动，主动性和能动性均有所欠缺。随着"互联网+"技术的成熟，信息技术的普及为在线课程的学习做好了技术准备。在知识爆炸的信息时代，学习内容的丰富性、学习载体的便捷性、学习方式的多样性、学习时空的灵活性均对在线课程的内容和呈现形式提出了新的要求。同时，课程建设模式也从政府主导转为政府支持，建立国家级、省级和校级三级课程建设体系，由中央改为由地方政府和高校自筹经费支持。本着以适用性和实用性为着力点和突破口，"自下而上"的民主化和平民化建设理念悄然形成，既满足了学习者个性化学习的需要，也促进了教师建设和应用在线课程的动机。

4.5.3.4　由"信息技术与课程整合"到"信息技术与课程融合"的演变

无论是从"精品示范"到"开放共享"，还是从"重建轻用"到"建以致用"，或是从"自上而下"到"自下而上"，都体现出在线课程建设从关注建设到关注应用的转变。其深层要义是体现了"信息技术与课程整合"到"信息技术与课程融合"的过程。我国教育技术界权威专家李克东教授认为：信息技术与课程整合是指在教学过程中把信息技术、信息资源、信息方法、人力资源和课程内容有机结合，共同完成课程教学任务的一种新型的教学方式。我们不仅要关注如何将信息技术与课程结合，也要关注为什么要结合、怎样才能更好地结合等问题。我国高校在线课程建设理念的演化充分体现了技术逐渐融入教育的发展理念。高校在线课程建设之初，仅仅是利用信息技术手段把传统的"课堂教学"网络化，将两者简单叠加；后来逐渐关注信息化手段对教学的促进、信息技术对教学模式的改革创新作用和服务对象的真实需求，逐步聚焦于信息技术与课程的融合，实现在线教育的本质回归。

4.5.4　我国在线课程资源建设取得的成绩

2003—2010 年，我国共建设国家级精品课程 3909 门。2003 年，在线课程资源建设刚刚起步，共建设国家级精品课程 178 门；2004 年建设精品课程数量与 2003 年的数量相比实现了翻倍增长。2007 年精品课程数量再次跃升，此后 3 年一直保持在每年 600 门以上。2004 年和 2007 年是两个明显的增长年，其中 2004 年比 2003 年增长了 83.14%，2007 年比 2006 年增长了 68.31%（见表4-1）。在所统计的普通本科学校的相关数据中，课程学科共涉及13 个门类，精品课程居多的类别为工学类 739 门、理学类 411 门、医学类 291 门、文学类 238 门、管理类 200 门和农学类 149 门；哲学、法学、历史学、教育学、经济学等所占比重较少，哲学课程数量最少，占比仅为 1.1%（见图4-1）。

表 4-1　2003—2010 年国家级精品课程年度数量统计

年度	数量/门
2003 年	178
2004 年	326
2005 年	325
2006 年	385
2007 年	648
2008 年	619
2009 年	675
2010 年	753

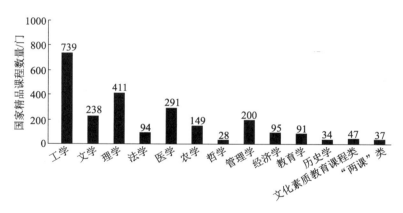

图 4-1　2003—2010 年国家精品课程（本科）及学科分布情况

　　2011—2014 年我国共建设国家精品开放课程 3834 门，其中精品视频公开课 1046 门，精品资源共享课 2788 门（其中普通高校本科课程 1764 门，教师教育课程 108 门，网络教育课程 160 门，高职高专课程 756 门）。精品开放课程覆盖 12 个门类，以工学、理学和医学类课程为主，文学类课程显著增长，哲学、历史学、艺术学等学科课程相对较少（见图 4-2、图 4-3）。

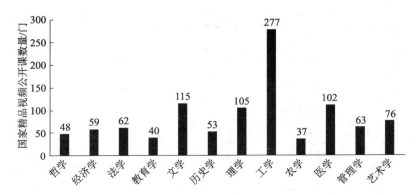

图 4-2 2011—2014 年国家精品视频公开课及学科分布情况

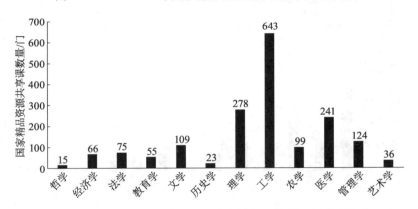

图 4-3 2011—2014 年国家精品资源共享课程（本科）及学科分布情况

  2017 年，首批遴选了 490 门国家精品在线开放课程，其中本科教育课程 468 门，专科高等职业教育课程 22 门；2018 年遴选了 801 门国家精品在线开放课程，其中本科教育课程 690 门，专科高等职业教育课程 111 门。爱课程、中国大学 MOOC、智慧树、学堂在线等 20 个课程平台参与到在线课程资源项目中。62 个一级学科中涵盖了 61 个一级学科（部分课程存在跨学科现象），仅水产学未被覆盖。有 284 所高校获批开设国家精品在线开放课程，其中本科高校合计 199 所、专科高职学校 85 所。284 所获批高校中"双一流"A 类高校有 36 所，"双一流"B 类高校有

4 所，一流学科建设高校有 61 所。

4.5.5　国家在线课程资源中蚕桑体系课程分析

2003—2010 年，我国建设的国家级精品课程中有农学类课程 149 门，涵盖草地科学类、环境生态类、森林资源类、动物医学类、动物生产类、植物生产类、水产类共 7 个二级学科。2011—2014 年我国共建设精品视频公开课 1046 门，精品资源共享课 2788 门，其中农学类课程 136 门。2017 年和 2018 年共遴选 1291 门国家精品在线开放课程，其中农学类 12 门。三大类在线课程中的农学类均没有蚕桑体系课程。

蚕桑产业在我国具有悠久的发展历史，兴桑养蚕是促进农民增收、推进新农村建设的一项重要举措。随着市场拉动和"东桑西移"项目的推动，尤其是在"一带一路"新背景下，蚕桑产业作为农业农村经济发展的重点，将成为农民增收、财政增效的支柱产业。但是蚕桑技术人才与蚕桑产业快速持续发展态势形成强烈的反差，所以加快蚕桑产业人才培养是当前蚕桑产业发展的需要。在线课程建设是教学的一部分，通过课程建设为学生营造一种现代化、网络化、自主化、人性化的教学环境，培养学生的自主学习能力，推动教学方法的改革，推进高等教育协调发展，从而提高办学质量。因此，蚕桑体系教学课程建设任重道远。

4.5.6　我国知名在线开放课程平台

（1）爱课程

网址：http://www.icourses.cn

"爱课程"是教育部、财政部在"十二五"期间启动实施的"高等学校本科教学质量与教学改革工程"支持建设的高等教育课程资源共享平台，承担国家精品开放课程的建设、应用与管理工作。该网站利用现代信息技术和网络技术，面向高校师生和社会大众，为他们提供优质教育资源共享和个性化教学资源服务。该网站还具有资源的浏览、搜索、重组、评价，课程包的导入、导出、发布、互动参与，以及"教""学"兼备等功能。

（2）中国大学 MOOC

网址：https：//www. icourse163. org

中国大学 MOOC 是爱课程网站携手网易云课堂推出的大型开放式在线课程学习平台，承接教育部国家精品开放课程任务，汇集国内知名高校优质课程，是官方承认的唯一中文 MOOC 平台。另外，它还开设了职业教育专属频道"中国职教 MOOC"。

（3）智慧树

网址：https：//www. zhihuishu. com

智慧树是全球最大的优质课程共享和学分互认平台，在国内拥有超过 1800 家高等院校会员，覆盖超过 1000 万大学生。该网站可帮助会员实现高校之间跨校课程共享和学分互认，完成跨校选课修读。

（4）超星尔雅

网址：http：//erya. mooc. chaoxing. com

超星尔雅是超星公司着力打造的通识教育品牌，拥有综合素养、通用能力、成长基础、创新创业、公共必修、考研辅导六大门类。作为核心的综合素养板块，超星尔雅由文明起源与历史演变、人类思想与自我认知、文学修养与艺术鉴赏、科学发现与技术革新、经济活动与社会管理、国学经典与文化传承六部分组成。超星尔雅旨在打破专业局限，树立完整思想。迄今为止，超星尔雅已与数百位名师合作开发课程，目前服务全国 1800 多所高校。

（5）学堂在线

网址：https：//www. xuetangx. com

学堂在线是清华大学于 2013 年 10 月启动的中文 MOOC 平台，包含清华大学、北京大学、复旦大学、斯坦福大学、麻省理工学院、加州大学伯克利分校等国内外几十所顶尖高校的优质课程，内容涵盖计算机、经管创业、理学、工程、文学、历史、艺术等多个领域。平台实施"学堂学分课"项目，高校可选用课程作为本校认可的学分课程。

（6）华文慕课

网址：http：//www.chinesemooc.org

华文慕课是北京大学与阿里云企业于 2015 年合作打造的一个以中文为主的慕课服务平台，旨在为全球华人服务。它与北京大学、台湾大学等高校合作，提供优质课程。其内容涉及高等教育的基本学科和就业创业课程。

（7）人卫慕课

网址：http：//www.pmphmooc.com

为了不断适应新型教育模式的发展，引领医学高等教育的改革方向，人民卫生出版社联合吉林大学白求恩医学院、上海交通大学医学院、四川大学华西医学院、中山大学医学院、安徽医科大学等 53 家国内一流医学院校及中华医学会、中国医师协会等协会组织共同建设医学教育慕课平台。目前，联盟单位已有近 200 家，几乎涵盖了国内所有的医学院校。平台面向全民开放，以期提高全民健康素养，推动"健康中国"的建设。医学联盟之间可以通过平台共享课程，实现学分互认。

（8）好大学在线

网址：https：//www.cnmooc.org

好大学在线是中国高水平大学慕课联盟的官方网站，是部分中国高水平大学自愿组建的开放式合作教育平台。为社会公众提供优质课程教学、第二专业系列课程教学、高端培训系列课程及相关在线教育产品，是中国高水平大学之间优质教学资源共享及学分互认的平台。

4.5.7 常用课堂互动教学工具

（1）雨课堂

雨课堂是一款利用微信和 PowerPoint 插件进行师生互动的平台，由学堂在线网站与清华大学联合研发。课前，教师可以将带有 MOOC 视频、习题、语音等的课前预习 PPT 推送到学生手机上；课中，学生可以用手机扫描二维码同步显示教师屏幕上的课件，实时进行习题反馈、弹幕互动；课后，教师可以向学生推送测验习题，实时反馈测验结果。雨课堂还可以实现考勤签到、弹幕、课堂红包等功能。

（2）微助教

微助教是基于微信的课堂互动工具，由华中师范大学和华中科技大学专业团队在 2016 年联合推出。教师可以管理多类课程，可以邀请助教协助教学活动。通过微助教，学生可以利用手机在课堂中签到、答题和讨论、出勤、课堂研讨、虚拟论坛发言，平时的作业和小测验等也都可以记录下来，便于教师对学生学习全过程进行持续观察，做出最后发展性的评价。

（3）慕课堂

慕课堂是 2019 年由网易公司与高等教育出版社在中国大学 MOOC 平台的基础上合作推出的智慧教学工具。慕课堂为教师提供了 5 大类教学活动和 4 大类教学管理功能，能帮助教师在课前统一管理在线课程内容与课堂教学的准备工作；在课中，能快捷实现全班签到、随堂练习等教学互动；在课后，通过汇总学生线上线下学习数据，详细查看与管理每个环节的教学情况，全方位为教师教学提效。

（4）课堂派

课堂派是一款高效在线课堂管理平台，主要用于国内的教育机构或组织中，为教师及学生提供便捷的班级公告、资料互动、作业在线批改、成绩汇总分析、课件分享、在线讨论等服务。

4.6　蚕桑体系教学资源建设及案例

4.6.1　教材专著资源

由华德公编著的《中国蚕桑书录》一书于 1990 年出版。该书整理了汉朝至清末包含蚕桑内容的综合性农书 56 种，蚕桑专著 210 种。宋代秦观（字少游）所著的《蚕书》是我国现有最早的、内容丰富的一部有关桑蚕的科学专著，书中主要总结了宋代以前兖州地区的养蚕和缫丝的经验，尤其对缫丝工艺技术和缫车的结构型制进行了论述，记述的许多原理和方法如蚕种的筛选、烙蚕等至今还在沿用。到了清代，由于对外贸易的扩张，蚕丝出口急剧增加，政府大力提倡栽桑养蚕，蚕桑生产技术有了很大的提高，对蚕的生物学知识也更加丰富。这期间，养蚕的专著大批涌现，几乎每年都有专书刊行，例如，蒲松龄的《农蚕经》、李拔的《蚕桑说》、陈克任的《蚕桑志》、王紫绪的《蚕说》、韩梦周的《东省养蚕法》、陈斌的《蚕桑杂记》、李聿术的《桑志》、周春溶的《蚕桑宝要》、黄思彤的《蚕桑录要》、杨名飚的《蚕桑简编》、高铨的《蚕桑辑要》、陆献的《山左蚕桑考》、程岱彛的《西吴蚕略》、邹祖堂的《蚕桑事宜》等，对桑树的栽培、接条整枝、管理以及蚕的选种饲养等都有论及。

中华人民共和国成立后，丝绸在国际市场的业务拓宽，带动我国蚕桑产业进一步发展，蚕桑全产业链创新型人才的需求进一步扩大；同时，随着现代生物技术的发展，前沿技术在蚕桑产业中广泛应用，一些紧跟时代需求的教材专著相继出版。例如，向仲怀院士的《家蚕遗传育种学》（1994）、浙江大学的《家蚕病理学》（2001）、鲁杨和张中富的《桑树栽培与桑蚕饲养新技术》（2005）、王向东的《桑树病虫害防治》（2009）、廖森泰和肖更生的《桑树活性物质研究》（2012）、陈文兴和傅雅琴的《蚕丝加工工程》（2013）、朱勇的《家蚕饲养与良种繁育学》（2015）、冯丽春和沈卫德的《蚕体解剖生理学》（2015）、余茂德和楼程富的《桑树学》（2016）、鲁成等的《中国桑树栽培品种》（2017）、何宁佳的《桑树基因组》（2017）、冯丽春的《蚕丝生物学实验教程》（2019）、龚垒等的《桑树高产栽培技术》（2020）等。这一系列教材专著的出版和使用为合格蚕桑人才的培养提供了基本保证。

4.6.2　实验室平台资源

由于仪器设备、内部运行机制等的相似性及学科交叉的需要，蚕桑体系实验室平台多与生物技术、生物工程、医药等实验室相互交融，资源共享。以蚕桑为研究载体的省部级以上实验室平台主要有"农业农村部蚕桑遗传改良重点实验室""家蚕基因组生物学国家重点实验室""农业农村部蚕桑学重点实验室""浙江省蚕蜂资源利用与创新研究重点实验室"等,每个实验室平台都有其优势及特色。

"农业农村部蚕桑遗传改良重点实验室"依托中国农业科学院蚕业研究所(镇江)建设,前身是1996年农业部命名成立的"农业部家蚕生物技术重点开放实验室",2011年改为现名。实验室以蚕桑应用基础研究为着力点,开展蚕桑种质资源创新利用与新品种培育、蚕桑现代育种技术、重要性状基因功能分析、蚕桑生物资源多元化开发应用、蚕桑病原微生物分子生物学与重大病虫害控制技术等研究,在蚕桑种质资源创新与品种培育以及家蚕生物反应器开发应用等方面具有明显的优势。实验室致力于人才培养,为国家和社会培养了一大批高级科研和技术开发人才,目前已形成本、硕、博"三位一体"的人才培养模式。实验室坚持对外开放,加强学术交流和合作研究;注重技术推广和成果转化,积极为产业发展提供技术指导和技术服务;通过建立科技示范基地等,将培育的优良桑树品种、家蚕品种和新技术等应用于生产,提高蚕业经济效益、增加农民收入,为我国蚕业科技进步和蚕丝业健康发展做出了贡献。

"家蚕基因组生物学国家重点实验室"于2011年4月由科技部批准在西南大学建设,其前身是成立于1993年的农业部蚕桑学重点开放实验室、成立于2000年的重庆市蚕桑学重点实验室和成立于2005年的教育部家蚕基因组学重点实验室。实验室以家蚕基因组生物学系统研究为核心,通过开展"家蚕基因组和功能基因组学""蚕桑资源与实验生物系统""生物技术与遗传改良"三个方向的研究,引领家蚕模式生物化和蚕桑产业改造升级,推动战略性新兴生物产业发展。实验室拥有一支以中国工程院院士、长江学者、"万人计划"领军人才、"千人计划"专家、国家百千万人才、国家有突出贡献的中青年专家,以及973、863、公益性行业(农业)科研专项、现代农业产业技术体系首席科学家等为主要阵容的学术队伍，常年拥有在读研究生和在站博士后 300 余人，并招收联合培养研究生和留学生。实验室与美国、英国、日本、加拿大、澳大利亚、新加坡等国家的 30 余所科研机构或高校，以及国内十几所高校与科研院所建立了友好合作交流关系。

"农业农村部蚕桑学重点实验室"位于西南大学，于 1993 年由农业部批准成立，2000 年成为重庆高校市级首批重点实验室，2004 年由重庆市科委批准为重庆市重点实验室。实验室下设家蚕基因库及遗传育种研究室、桑遗传育种研究室、桑蚕病虫病理研究室、分子生物及遗传工程研究室、细胞生物学研究室和应用生物工程研究室六个研究室，围绕蚕桑遗传育种、蚕桑资源及生理生态、分子生物学及遗传工程等三个重要理论和应用研究方向开展研究。目前，蚕桑学重点实验室已经发展成为我国蚕桑学基础和应用基础研究的中心，高级专门人才（硕士、博士）的培养基地。

"浙江省蚕蜂资源利用与创新研究重点实验室"成立于 2019 年，依托单位为浙江大学（动物科学学院），共建单位为浙江巴贝领带有限公司（嵊州陌桑高科股份有限公司）和浙江省农科院（蚕桑研究所）。实验室通过学科建设与交叉、平台建设、创新团队建设、科技产业联盟建设等途径，在蚕蜂种质资源与分子育种、工厂化养蚕关键技术创新与集成、蚕蜂基因工程技术创新与应用、蚕蜂资源多元化利用与产品研发四个方向开展研究，着力解决浙江区域特点与产业发展的技术难题，开展科技成果的产业化实施与推广，逐步形成基地、人才、项目互相完整配套，科研、示范、推广紧密协调发展的格局。

4.6.3　种质资源库资源

目前，蚕桑体系种质资源保存除"西南大学家蚕基因库"保存家蚕突变系统 600 余份，广东、浙江、安徽、四川、陕西、湖南、湖北等均保存 100 余份蚕桑资源外，保存最完好的是"国家种质镇江桑树资源圃"和"中国农业科学院国家蚕种质资源保存中心"。

"国家种质镇江桑树圃"位于江苏省镇江市，依托中国农业科学院蚕业研究所，1990 年建成并通过验收，2005 年被农业部命名为农业部镇江桑树资源重点野外科学观测试验站；2006 年作为国家农作物种质资源野外观测研究圃网成员之一，被正式纳入国家野外科学观测研究站序列；2009 年被命名为首批中国农业科学院野外科学观测试验站。建圃 20 多年来，镇江桑树圃已发展成为全球最大的桑树种质资源库，保存着我国各省（区、市），以及亚洲、欧洲、美洲、非洲、大洋洲的 10 多个国家各类桑树资源 2400 余份，保存桑树种质资源类型及数量均居世界第一。所保存的桑资源的物种多样性、形态特征多样性、生物学特性多样性代表桑树种质资源的遗传多样性，在全世界桑树种质资源保存中占有重要地位。在资源考察收集、妥善保存、鉴定评价、创新利用等方面也开展了卓有成效的工作。

"中国农业科学院国家蚕种质资源保存中心"挂靠在中国农业科学院蚕业研究所，是我国乃至世界最重要的蚕种质资源保存单位之一，保存家蚕品种资源 800 余份，是目前世界上保存蚕种质资源数量最多、资源类型最丰富的蚕资源保存单位，现已建成包括家蚕地方种、国外引进种、改良种、突变基因品系、种质创新材料、育种素材及蓖麻蚕等蚕种质资源库。

4.6.4 校外企业实训基地资源

鑫缘茧丝绸集团股份有限公司、江苏富安茧丝绸股份有限公司、江苏苏豪蚕种有限公司、句容市东方紫酒业有限公司在国内外同行领域享有盛誉，多年来一直是江苏科技大学生物技术学院蚕桑人才的校外企业实训基地，每年接收学生到企业参观学习和挂岗实习，是培养学生的优质企业资源。江苏省外的四川省南充蚕具研究有限公司、广西时宜农业科技有限公司、广东丝源集团有限公司、南充尚好桑茶有限公司等多家企业也为当地学生的培养提供保障，为"东桑西移"工程和"一带一路"倡议的实施做出贡献。

　　鑫缘茧丝绸集团股份有限公司位于江苏省海安市，是我国唯一具有桑蚕良种繁育、养蚕、制丝、丝织、染整、真丝服饰家纺、桑蚕茧丝资源综合利用、文化创意产品等完整产业链条的骨干龙头企业，综合竞争力位列全国丝绸行业前列。公司以服务三农为己任，在全国同行中率先推行"公司+基地（蚕业农场、蚕业合作社）+农户+高校院所"的茧丝绸产业化经营模式，实现茧丝绸一、二、三产业融合发展，形成一体化带动规模化、规模化促进一体化发展的产业特色。公司以"科技为先导"，建有国家桑蚕茧丝产业工程技术研究中心、国家蚕丝加工技术研发分中心、博士后科研工作站等，建立了由院士领衔、国务院特殊津贴专家、省中青年专家等组成的创新团队，建立了与多所院校的产学研合作机制，天然彩色茧丝绸、蚕丝功能性新材料、丝绸资源开发利用等核心技术处于国际领先水平。

　　江苏富安茧丝绸股份有限公司位于江苏省东台市富安镇，是农业农村部等九部委联合认定的农业产业化国家重点龙头企业和江苏省 30 家重点骨干龙头企业。公司充分发挥自身优势，因势利导进行农业产业结构调整，引导农民栽桑养蚕，成立了国家首家蚕农合作社；大力发展茧丝绸加工业，先后实施缫丝技改扩能，新上捻线丝、真丝绸织造和真丝服务等项目，使得缫丝、捻线丝生产规模、技术水平和产品质量列全国同行业前茅，形成致富一方百姓的茧丝绸支柱产业，开拓出一条被誉为"富安模式"的"公司+蚕农合作社+农民"的茧丝绸产业化发展之路。

4.6.5　课程教学资源

　　目前，在中国大学 MOOC 平台运行的"蚕丝智慧与农桑文化""中国蚕丝绸文化""丝绸文化与产品"三门课程与桑蚕丝有关，但均为面向大众的科普性课程，真正与人才培养有关的专业课建设还需要我们继续努力。

　　"蚕丝智慧与农桑文化"课程以蚕、桑、丝为载体，运用通俗易懂的语言、生动形象的故事，辅以视频、动画和大量精美的图片展示不同历史阶段下，各个视角中的蚕丝智慧和中华民族发展过程中的农桑文化价值，以弘扬中华文化，提升学习者的文化素养，增进文化自信。课程内容分为五篇。第一篇"蚕与桑"包含蚕的传奇一生、千蚕千面、建筑大师 吐丝结茧、蚕也会生病、从西藏的千年古桑话桑树品种、从立体嫩枝扦插看桑树繁殖、桑树上的不速之客 7 讲内容。第二篇"丝与绸"包含丝的加工艺术、绫罗绸缎（上篇）、绫罗绸缎（下篇）、国礼 丝绸、红楼梦里话丝绸 5 讲内容。第三篇"蚕桑与健康"包含舌尖上的蚕桑、蚕丝与健康、蚕桑走进日常、借蚕固本、研桑助寿、蛹葆青春 6 讲内容。第四篇"智慧传承与文化发展"包含老祖宗留下的半个蚕茧、天子亲耕 皇后亲蚕、甲骨文上看蚕桑、蚕俗文化、桑基鱼塘、蚕桑与乡村振兴、丝绸之路 7 讲内容。

参考文献

［1］教育信息化"十五"发展规划（纲要）［EB/OL］. 2002-09-04. http：//www. moe. gov. cn/srcsite/A16/s7062/200209/t20020904_ 82366. html.

［2］国家中长期教育改革和发展规划纲要（2010—2020）［EB/OL］. 2010-07-29. http：//www. moe. gov. cn/srcsite/A01/s7048/201007/t20100729_ 171904. html.

［3］教育部关于印发《教育信息化十年发展规划（2011—2020 年）》的通知 ［Z/OL］. 2012-03-13. http：//old. moe. gov. cn//publicfiles/business/htmlfiles/moe/s5892/201203/xxgk _ 133322. html.

［4］教育部关于印发《教育信息化"十三五"规划》的通知 ［Z/OL］. 2016-06-07. http：//www. moe. gov. cn/srcsite/A16/s3342/201606/t20160622_ 269367. html.

［5］国务院关于印发《国家教育事业发展"十三五"规划》的通知 ［Z/OL］. 2017-01-10. http：//www. gov. cn/zhengce/content/2017-01/19/content_ 5161341. htm.

［6］教育部关于印发《教育信息化 2.0 行动计划》的通知

［Z/OL］. 2018 - 04 - 18. http：//www. moe. gov. cn/srcsite/A16/s3342/201804/t20180425_ 334188. html.

　　［7］余胜泉. 学习资源建设发展大趋势（上）［J］. 中国教育信息化·高教职教，2014，（1）：3-7.

　　［8］杨现民，王娟. 互联网+教育学习资源建设与发展［M］. 北京：电子工业出版社，2017.

　　［9］国家教委关于印发《关于"九五"期间普通高等教育教材建设与改革的意见》的通知［Z/OL］. 1995 - 04 - 10. https：//law. lawtime. cn/d521753526847. html.

　　［10］教育部关于印发《关于"十五"期间普通高等教育教材建设与改革的意见》的通知［Z/OL］. 2001 - 02 - 06. http：//www. moe. gov. cn/srcsite/A08/s7056/200102/t20010206_ 162632. html.

　　［11］教育部关于印发《国家教育事业发展第十二个五年规划》的通知［Z/OL］. 2012 - 06 - 14. http：//old. moe. gov. cn//publicfiles/business/htmlfiles/moe/moe_ 630/201207/139702. html.

　　［12］全国大中小学教材建设规划（2019—2022 年）［EB/OL］. 2020-01-07. http：//www. moe. gov. cn/jyb_ xwfb/xw_ zt/moe_ 357/jyzt_ 2020n/2020_ zt04/baodao/202004/t20200409_ 441835. html.

　　［13］杨刚，胡来林. 书联网时代的教材资源建设研究［J］. 电化教育研究，2017，（3）：80-85.

　　［14］陈琳，蒋艳红，李凡，等. 高校教材建设的时代性要求研究［J］. 现代教育技术，2011，21（10）：20-23.

　　［15］胡延柱. 教材建设在高校教育教学中的重要性［J］. 中小企业管理与科技，2015，（20）：203-204.

　　［16］吴元黔，刘文. 关于我院教材建设的路径选择及策略思考［J］. 贵阳中医学院学报，2011，33（2）：98-102.

　　［17］马俊，王静. 试析学术专著出版的意义、困难与措施［J］. 传播与版权，2013，（6）：52-53.

　　［18］教育部关于大力推进高等学校创新创业教育和大学生

141

自主创业工作的意见［Z/OL］. 2010-05-13. http：//old. moe. gov. cn/publicfiles/business/htmlfiles/moe/info_ list/201105/xxgk_ 120174. html.

［19］李莉. 大学理工科实验室教育功能及其实现的途径［D］. 长沙：湖南大学，2011.

［20］刘拓，屈波. 实验室建设与人才培养体系的创新［J］. 实验技术与管理，2009，26（4）：237-240.

［21］杨秋荣，李英杰，王金芳，等. 高校和实验室建设与创新人才培养［J］. 科技管理研究，2008，12：233-234.

［22］王杰，任佳. 大力推进高水平实验室建设，着力培养创新人才［J］. 实验室研究与探索，2015，34（11）：233-238.

［23］姚兰，艾训儒，易咏梅，等. 农学类本科专业实习实训基地建设的实践探索［J］. 教育教学论坛，2014，（29）：214-215.

［24］薛冬梅. 浅谈高校实习实训基地建设［J］. 当代教育实践与教学研究，2019，（22）：166-167.

［25］教育部关于加强高等学校在线开放课程建设应用与管理的意见［Z/OL］. 2015-04-13. http：//old. moe. gov. cn/publicfiles/business/htmlfiles/moe/s7056/201504/186490. html.

［26］王竹立. 在线开放课程：内涵、模式、设计与建设——兼论智能时代的在线开放课程建设思考［J］. 远程教育杂志，2018，（4）：69-78.

［27］教育部关于公布 2018 年国家精品在线开放课程认定结果的通知［Z/OL］. 2019-01-11. http：//www. moe. gov. cn/srcsite/A08/s5664/moe_ 1623/s3843/201901/t20190121_ 367540. html.

［28］徐欢，谢泓全. 国内高校在线课程建设理念演化［M］. 北京：经济科学出版社，2019.

［29］张一春. 精品在线开放课程设计与研发［M］. 北京：清华大学出版社，2019.

［30］郝丹. 国内 MOOC 研究现状的文献分析［J］. 中国远程

教育，2013，（11）：42-50.

［31］陈肖庚，王顶明. MOOC 的发展历程与主要特征分析 ［J］. 现代教育技术，2013，23（11）：5-10.

［32］康叶钦. 在线教育的"后 MOOC 时代"——SPOC 解析 ［J］. 清华大学教育研究，2014，35（1）：85-95.

［33］教育部关于启动高等学校教学质量与教学改革工程精品课程建设工作的通知 ［Z/OL］. 2003-04-08. http：//old. moe. gov. cn//publicfiles/business/htmlfiles/moe/s3843/201010/109658. html.

［34］教育部关于印发《关于进一步加强高等学校本科教学工作的若干意见》和周济部长在第二次全国普通高等学校本科教学工作会议上的讲话的通知 ［Z/OL］. 2005-01-07. http：//www. moe. gov. cn/srcsite/A08/s7056/200501/t20050107_ 80315. html.

［35］国家精品课程资源中心. 国家精品课程资源中心工作简报 ［R］. 2011 年第 3 期.

［36］教育部关于国家精品开放课程建设的实施意见 ［Z/OL］. 2011-10-12. http：//www. moe. gov. cn/srcsite/A08/s5664/moe_ 1623/s3843/201110/t20111012_ 126346. html.

［37］教育部关于加强高等学校在线开放课程建设应用与管理的意见 ［Z/OL］. 2015-04-16. http：//www. moe. gov. cn/srcsite/A08/s7056/201504/t20150416_ 189454. html.

［38］教育部 财政部关于"十二五"期间实施"高等学校本科教学质量与教学改革工程"的意见 ［Z/OL］. 2011-07-01. http：//www. moe. gov. cn/srcsite/A08/s7056/201107/t20110701_ 125202. html.

［39］胡俊杰，杨改学，魏江明，等. 国家精品课程对精品视频公开课建设的启示——基于对 2003—2010 国家精品课程的调查引发的思考 ［J］. 中国远程教育，2014，（11）：89-94.

［40］张雷，王军. 慕课平台之国家精品在线开放课程数据分析 ［J］. 数字教育，2019，（5）：36-41.

［41］华德公. 中国蚕桑书录［M］. 北京：农业出版社，1990.

［42］《扬州晚报》. 世界最早蚕桑科技专著《蚕书》［J］. 中国农村科技，2013，（6）：76-77.

第5章　产教融合的实践教学改革的思考

5.1　实践教学改革的背景

生物技术在医疗保健、农业、环保、轻化工、食品等重要领域对改善人类健康与生存环境以及提高农林畜牧业和工业产量与质量都发挥着越来越重要的作用。目前，现代生物技术正处在跨越发展的战略机遇期，已经悄然成为现代科技研究和开发的重点。

江苏省是生物技术产业强省，历来都是蚕丝业的主要产区。在当前传统的蚕桑产业向现代蚕桑产业转型的关键阶段，将现代生物技术引入传统蚕桑产业并加以推进，对于提升传统农林畜牧业品位、加快生物技术产业和蚕桑产业经济发展，都具有十分重要的意义。因此，加快推进生物技术和蚕桑产业发展，是江苏省高新技术产业结构优化和提升的紧迫任务，是加快向创新型经济转型升级的战略举措。培养具有实践创新能力的人才是当务之急。

江苏科技大学蚕业研究所（中国农业科学院蚕业研究所）作为我国唯一的国家级蚕业专门研究机构，也是国际蚕业科技最主要的研究机构之一，主动承担起促进行业技术进步"领头羊"的重任，把蚕业学科推向新的发展阶段，使我国成为名副其实的21世纪世界蚕业科技发展中心，责无旁贷。蚕桑生物学科作为江苏科技大学的三大特色之一，培养面向蚕桑全产业链的创新型人才，具有重要的建设意义和必要性。

5.1.1 产教融合的实践教学改革的意义

（1）生物学科是当今世界最具有活力的学科和工程前沿学科之一。20世纪70年代以来，以DNA重组技术为标志的现代生物技术迅猛发展，带动了生物技术在农业、医药、工业等领域的快速发展，并日益影响和改变着人们的生产和生活方式。世界经济合作与发展组织（OECD）指出："生物技术是人类社会可持续发展最有希望的技术。"因此，国内外都把培养一流的生物工程技术人才放在突出的重要地位。在生物技术人才培养过程中，生物技术与工程实践技能的培养尤为重要，因此建设产教融合的实践教学基地十分重要。

（2）江苏科技大学畜牧学科（蚕桑）是江苏省重点建设学科，蚕桑生物技术是学校三大特色之一。本实践教学基地依托的蚕业研究所在蚕业科研、人才队伍建设、人才培养、学术交流和产业服务等方面都取得了较大的成绩，已经成为我国蚕业科技研发的主要平台，主持承担各类科研项目300余项，其中国家级项目110项，部省级项目154项；培育家蚕新品种18对、桑树新品种4个，通过国家或省级农作物品种审定，并在全国主要蚕区推广，成为我国第4次和第5次蚕品种更新的主推品种。目前，长江流域和黄河流域主蚕区50%以上的蚕种是蚕研所培育的蚕品种，另有25%以上为含有蚕研所培育品种为亲本的其他蚕品种，40%的栽培桑树为蚕研所的桑品种，我国现行栽桑养蚕技术体系的核心技术多数由蚕研所研发形成，并且约半数的蚕桑专用药剂是蚕研所的科研成果。

（3）生物技术及新医药是江苏省的支柱产业，生物学科是新兴产业升级的原动力。目前，有60%以上的生物技术成果集中应用于医药产业，用以开发特色新药或对传统医药进行改良，由此引起了医药产业的重大变革，生物制药也得以迅速发展。因此，生物技术及工程的学科发展将极大地促进江苏省医药行业的技术升级和产业的效益增收。虽然目前设有生物技术和生物工程专业的高校较多，但是大多培养体系中忽视农业生物技术、医药生物技术和工业生物技术三大模块的系统实践训练，因此三大行业内80%的农业、医药和发酵企业缺乏实践能力强的专业技术人才。为适应生物技术产业化发展的需求，在竞争激烈的国际市场中取得优势，培养具有创新能力的高素质生物技术与工程人才显得十分重要。

（4）生物学科是以实验为基础的学科，不论是理论的建立还是对于理论的检验，都离不开实验。生物实验在对学生学习生命科学相关知识，掌握各项生物实验技能，培养学生动手能力和实践创新能力方面都有着其他教学环节无法替代的作用。实践教学基地建设是进一步加强教学资源建设、深化实验教学改革、提高教学质量的重要举措。同时对于实验资源的优化整合，构建结构优化、各具特色的新型实验教学体系，推动实验室建设与实验教学改革的良性互动，形成服务多学科、多课程、多学院的实验室现代运行机制，培养学生创新能力、实践能力及独立工作的综合能力等方面有着重要的意义。

总之，通过建设产教融合的实践教学基地，有利于培养具有良好的实践操作技能、科学研究作风、综合分析、发现和解决问题能力的高素质创新人才，为我国蚕桑生物技术的发展培养既懂理论又有较强动手能力的产业化人才，有助于完善实验室体制和运行模式的改革，有助于实践教学内容的改革和实践教师队伍的建设。

5.1.2　产教融合的实践教学改革的必要性

一是培养适应现代生物学学科发展、培养"创新型"人才的需要。21世纪是生物技术及工程学科迅猛发展的时代，"生物制造""生物炼制"这些新概念极大地推动了蚕桑生物技术、医药生物技术和农业生物技术的发展，也使得传统的产业发生了翻天覆地的变革。在此形势下，很有必要在现有实验基础上加大实验投入，使学生紧跟现代蚕桑产业和生物学学科的发展，并培养学生的自主学习能力，激发学生的创造力和潜能，以更好地适应社会发展的需求。

二是江苏科技大学蚕桑生物学学科凝练特色，培养特色高级人才的需要。江苏科技大学生物技术学院下设生物技术系、生物工程系和蚕学系，目前拥有生物技术、生物工程和蚕学 3 个本科专业。学院（蚕业研究所）自 1979 年和 1986 年分别开始招收硕士和博士研究生，有长期的研究生培养经验积累，现拥有特种经济动物饲养学科博士学位授权点 1 个，拥有生物学一级学科硕士学位授权点 1 个，有动物学、植物学、微生物学、遗传学、生物化学与分子生物学、发育生物学和特种经济动物饲养等 7 个二级学科硕士学位授权点，还拥有养殖领域 1 个硕士专业学位授权点。目前学院有本、硕、博在校生近 500 人。随着以 DNA 重组技术为标志的现代生物技术的迅速发展，社会对蚕桑生物技术人才实验技能的需求也在不断增强，因此急需培养具有良好的实验技能、科学研究作风，以及具备综合分析、发现和解决问题能力的创新型人才，以适应蓬勃发展的现代生物技术和蚕桑产业。

三是江苏科技大学蚕桑生物学学科专业建设的水平，满足学院实行全方位开放式实验教学的需要。实践教学基地建设是在现有基础课实验室（包括普通生物学实验室、微生物学实验室、生物化学实验室、细胞生物学实验室、分子生物学实验室、生物工程实验室等）的基础上，使学生在四年的大学学习中接受从基础实验到工程、技术实验全面系统的训练，培养和提高学生的实验动手能力、创新意识、创新能力等综合素质，以达到培养"应用"型和"复合"型的高素质人才，适应现代蚕桑和生物技术产业迅速发展需要的目的。近年来，学院紧紧围绕实验室运行体制改革、新型实验教学体系构建、实验仪器设备的改善和实验教学资源的整合等内容，积极开展实验建设工作，并取得阶段性成效，已经形成相对科学合理的实验教学课程体系、比较完备的实验设备条件、比较完善的规章制度，建成实验示范中心独立网站，实现了实验教学质量和效果的不断提高。服务对象包括蚕学、生物技术、生物工程专业的本科生和研究生。通过开放实验室使学生的学习积极性和学习潜力得到充分的发挥，使学生能自主设计实验方案、实验流程并加以实现，使学生的创新思维、实践动手能力得以提高。

因此，开展产教融合的实践教学改革，学生通过学习书本知识和实践操作融会贯通，培养发现和解决问题的能力，形成创新、创业和创优的精神，这不仅是形成适应生物技术与工程学科特点及自身系统性和科学性的课程体系的具体体现；也是为高等学校培养适应新世纪国家经济建设与社会发展需要的、具有国际竞争能力的高素质创新型、实践型人才的要求。

5.2　指导思想与建设目标

以培养基础知识坚实、创新意识敏锐、实验技能良好的应用型技术人才为目标，加强学生基本实践技能训练，强化学生的个性化培养，推进教学方法的改革，优化实验教学体系，调整实验室布局，改善仪器设备，规范实验室管理，努力建成一个培养方案科学、实验条件齐备、师资队伍优秀的实践教学平台，着力培养高素质的创新型、应用型人才。

5.3　实验教学的改革举措

5.3.1　管理体制建设

通过建立与完善规章制度，建立规范的实验管理体制。在执行学校有关实验室与实验教学管理制度和规范的同时，建立和完善适合生物学与蚕桑学科综合训练中心特点的管理制度和规范，主要包括：各类人员的岗位职责，人员工作业绩考核办法，开放管理办法，实验仪器管理办法，学生实验成绩考核及评定办法，学生上课考勤与管理制度，实验教改、实验教材建设管理办法，实验教学规范及管理办法等。

优化与完善实验中心网站，构建具有实验教学、基本工作信息和仪器设备的网络管理平台，在现有实验成绩管理和选课系统基础上，进一步扩展和充实，以实现对实验教学、仪器设备、信息收集与分析、学生选课、上课预约、成绩登录等的网络化管理。

加大实验室开放程度，进一步探索开放型实验室的体系和模式，实现实验内容和时间的全面开放，切实发挥人才培养效用。激发学生的实验兴趣，大力推进学生利用课余时间根据自己的兴趣和爱好自主进行实验，提高实验设备的使用效率；通过学院正常实验运行经费、优秀生培养计划、学校大学生科技创新计划、挑战杯科技计划、教师的科研项目等多渠道筹集开放经费；改革与创新实验考核方法，鼓励学生通过创新计划项目完成其毕业论文。

开放的主要内容包括：① 教学内容的开放：开设和承担所有培养计划内实验课程项目和实验选修课程；设计一批提高型、研究型实验（课题）为学生自我设计和完善知识与能力结构提供选择，以及支持学生开展课内外科技创新实践、科学研究和学科竞赛等活动。② 教学时间的开放：实验室应根据需要延长开放时间，让教师和学生自主选择实验内容、时间、进程，为开展科技与创新实践和科学研究提供更大的空间和自由度。

实验室开放管理具体包括以下几个方面：

第一，建立和完善相应的管理制度，规范实验室开放的相关工作，逐步形成可持续的实验室开放运行机制。

第二，按照教师的专业背景和方向，对相近实验室在仪器设备、人员及功能上进行结构整合，实现优化配置和资源共享，形成实验中心在实验教学中的整体优势。

第三，针对部分高中阶段选学文科而化学基础较差的学生，聘请学院化学教师专门为他们补修化学课程相关内容；同时针对学生实验动手能力参差不齐的状况，专门开辟实验室供学生进行练习，设计不同难度的实验项目，满足不同层次学生的需要，以帮助学生掌握和提高实验基本技能。

第四，通过申请预约等形式，学生在时间和内容上有更多的选择。

第五，采取预约和定时等不同的开放形式，支持学生进行自主实验、毕业论文设计、学科竞赛和科技创新实践活动的开展。

根据实施范围，开放有院内开放、校内开放和校外开放之分。院内开放：通过实验中心信息管理系统，学生可以网上预约实验从而进行实验技能的训练；学生在指导教师的引导下，可以在预约时间独立开展本科生创新计划项目、开放选修实验和毕业论文等创新性实验。校内开放：通过面向全校学生开设"人体遗传学""生物科学导论""海洋科学导论""人体奥秘及生理""膳食营养实践操作"等公选课所涉及的课内实验，吸收全校20 余个专业学生进入实验室，开展实验训练，并利用周末等时间延长实验室开放时间；学院内部的分析测试中心还对校内有科研需求的教师或研究生等开放，提高了设备的利用率。本科生创新计划部分项目涉及多个学院，也体现了中心示范和开放的效用。校外开放：作为立足江苏、服务全国高水平国内领先的蚕业科技创新和成果转化基地，实验中心拥有国家农业农村部重点实验室、省高校重点实验室等资源，不仅承担了江苏省蚕桑行业的科技服务任务，还将技术输出到印度、古巴、埃塞俄比亚等国。实验中心已经成为借鉴、吸收、应用、消化、创新国外生物技术教育教学资源的示范基地。对校外的开放服务使与生物技术学院、蚕研所紧密相关的 7 个高水平教学科研"平台"和 5 个专业素质拓展中心的辐射、示范、引领和服务作用更加突出。

5.3.2　实践能力培养平台建设

为了更好地培养本科生的创新意识和创造能力，学校建立了生物学实验教学示范中心，为学生创造进行自我创新活动的场所，中心组建了开放式创新实验室，目的是建设一个开放式的培养学生生物学基础技能和自主科学研究能力的教学平台。在这个平台上，学生可利用课余时间进行基础实验技能练习、自主课题的科研工作、研究性实验和毕业论文实验等。

5.3.2.1　调整实验室布局

按照中心的规划及建设目标，对原有实验室的结构和布局进行调整。调整后的实验中心下设 18 个实验分室：功能因子实验室、药物生物合成与分离工程实验室、生物反应器室、发酵工程实验室、生物工程专业实验室、显微互动实验室、食品生物技术实验室、生化与酶工程实验室、分子生物学实验室、细胞培养室、药物分析实验室、细胞药理实验室、生物工程大型仪器室、准备室，以及 4 个本科教学实验室。

此外，学生实践能力的培养还依托国家级和省部级科研平台，包括国家蚕资源保存中心、国家蚕桑育种中心、国家种质镇江桑树资源圃、农业部蚕桑遗传改良重点实验室、农业部蚕桑产业产品质量监督检验测试中心、农业部蚕桑产品及食用昆虫风险评估实验室、江苏省蚕桑生物学与生物技术重点实验室（见表 5-1）。

表 5-1　实践教学平台名称及等级

序号	实践教学平台名称	级别
1	国家蚕资源保存中心	国家级
2	国家蚕桑育种中心	国家级
3	国家种质镇江桑树资源圃	国家级
4	农业部蚕桑遗传改良重点实验室	省部级
5	农业部蚕桑产业产品质量监督检验测试中心	省部级
6	农业部蚕桑产品及食用昆虫风险评估实验室	省部级
7	江苏省蚕桑生物学与生物技术重点实验室	省部级
8	江苏科技大学生物学实验教学示范中心	校级

5.3.2.2　购置仪器设备

学校和院所每年购置实验设备。目前，实验中心拥有价值 20 万元以上的仪器 45 台，总价值达 2000 万元（见表 5-2），满足了学生创新能力培养和实验教学及研究的需要。

表 5-2　实验中心价值 20 万以上的仪器

序号	资产名称	型号	原值/元	厂家
1	质构仪	TMS-PRO	303911.60	美国 FTC
2	全自动间断化学分析仪	Clever Chmm 380 plus	519000.00	DeChem-Tech，GmbH
3	多用途电泳系统	LabChip GX Touch	548846.00	PerkinElmer
4	双色红外激光成像系统	ODYSSEY SA	364295.28	美国 LI-COR 公司
5	全自动凝胶净化系统	FreeStyle GPC	598530.00	Tecan Systems Inc
6	模拟移动床色谱系统	SMB-GD6-480	259000.00	北京翔悦环宇科技有限公司
7	高效液相色谱仪	Agilent 1220	202584.55	美国 Agilent 公司
8	气相色谱仪	TRACE 1300	398000.00	Thermo Fisher Scientific SPA
9	液相色谱仪	安捷伦 1260	389400.00	安捷伦科技
10	液相色谱仪	UltiMate 3000	548200.00	Thermo Dionex Softron GmbH
11	多模式微孔板检测系统	EnSpire	448952.00	PerkinElmer Singapore Pte Ltd
12	全自动毛细管核酸分析仪	HDA-G712	215168.11	美国基因公司
13	手提式基因枪	PDS-1000/He	211639.80	BIO-RAD
14	实时荧光定量 PCR 仪	LC96	309302.30	瑞士罗氏公司
15	多功能读板机	SpectraMax i3	365732.47	美国 MD 公司
16	荧光定量 PCR 仪	LIGHTCYCLER 96	308211.10	瑞士罗氏
17	全自动微生物鉴定药敏分析系统	phoenix M50	726000.00	Becton，Dickinson and Company
18	荧光定量 PCR 仪	Rotor-Gene-Q2	243642.80	瑞士 QIAGEN 公司
19	实时荧光定量 PCR 仪	7300	299050.58	美国 ABI 公司
20	实时荧光定量 PCR 仪	QuantStudio 6 f1	398900.00	Life Technologies Holdings Pte Ltd
21	激光剥蚀系统	NWR-213	913553.49	美国 ESI 公司

序号	资产名称	型号	原值/元	厂家
22	基因分析仪	3500	1193887.50	日本 LIFE STECHNOLOGES HOLDINGS 公司
23	微流控滴液系统	mitos	201818.32	英国 Dolomite 公司
24	染色体核型分析工作站	BX51	286113.60	OLYMPUS
25	显微操作系统	尼康	206904.23	日本 NIKON 公司
26	激光共聚焦显微镜	TCS SP8	1894286.30	德国 LEICA 公司
27	生物显微互动系统（35+1）	Nikon E100	465000.00	南京江南永新光学有限公司
28	研究级倒置显微镜	IX 83	488000.00	OLYMPUS 公司
29	研究级倒置显微镜	IX 83	488000.00	OLYMPUS 公司
30	荧光倒置显微镜	DMI 3000B	258439.42	德国 LEICA 公司
31	体视荧光显微镜	M165FC	289416.76	德国 LEICA 公司
32	荧光体视显微镜	M165FC	270080.00	德国 LEICA 公司
33	数控显微操作仪	Transfer Man NK2	261120.25	德国艾本德公司
34	扫描电子显微镜	SH-1500	319925.43	SEC
35	傅立叶变换红外光谱仪	TENSOR27	218449.76	BRUKER OPTIK ASIA PACIFIC LTD
36	微量超高速离心机	CS150 GXL	300849.16	日本 Hitach 公司
37	超高速离心机	XPN-100	598620.00	BECKMAN COULTER, INC
38	高效大容量冷冻离心机	J-25	224319.15	Beckman Coulter INC.
39	蛋白质快速纯化工艺拓展系统	KTApurifier 10	501600.00	瑞典 GE 公司
40	发酵罐	BioFlo 115	399239.89	美国 NEW BRUNSWICK 公司
41	快速纯化系统	AKTA prime	338638.97	瑞典 GE 公司
42	流式细胞仪	FACSCalibur	559968.13	BD 公司
43	流式细胞仪	FACSVerse	739000.00	Becton, Dickinson and Company, BD Biosciences

实验中心对传统实验室进行重新组合如下：

（1）学科专业基础实验室

为了使学生掌握实验的基本操作和技能，实验中心对传统验证型实验教学内容进行改革，保留生物学与蚕桑学科基础性的、特色的实验内容作为学科基础性训练，使所有学生能系统地获得实验的基础理论知识、基本实验方法和基本实验操作技能等方面的培养，为更高层次的专业系统性训练和科研创新型训练打下坚实的基础。

（2）专业基础技能拓展中心

按照生物学与蚕桑学科的特点和发展趋势，实验中心对实验教学内容重新组合，构建 5 个专业系统性训练中心，加强学生专业及综合能力的培养，让学生获得较为系统的专业实践训练，为科研创新型训练打下基础。5 个训练中心的具体内容如下：

① 生物制药实训中心（《生理与药理学实验》《免疫学实验》《药物制剂及分析》）。

② 生物化工实训中心（《微生物工程实验》《工业微生物学实验》《生物工程实验》《生化工艺分析实验》《发酵过程工程实验》）。

③ 生物化学与分子生物学实训中心（《植物生理与生物化学综合实验》《生物信息学实验》《分子生物学与基因工程实验》）。

④ 蚕桑生物技术实训中心（《蚕体解剖生理学实验》《家蚕病理学实验》《蚕种制造学实验》）。

⑤ 食品生物技术实训中心（《食品分析与检验实验》《现代仪器分析实验》《现代生物技术创新实验》）。

（3）学科综合能力训练平台

在做好学科基础性训练和专业系统性训练的同时，结合开放选修实验、大学生科技创新实践、本科生导师制等活动，利用家蚕种质资源与遗传育种、家蚕分子病理学、蚕桑生物资源高效利用、桑树资源与育种、桑树生理和病虫害防控、蚕丝及生物材料

6个综合能力训练平台，积极鼓励和引导学生进入实验室，进行科学研究及创新能力培养。

5.3.3　实验课程结构的优化改革

实验中心成立以来，主要承担生物技术、生物工程、蚕学和特种经济动物饲养（硕士）等专业的实验教学任务。在新修订的2018级培养方案中，加强了实践教学和创新能力的培养。培养方案从学生知识结构和能力结构入手，明确实践教学目标，加强教学、科研和实践教学的有机结合，统筹考虑实践性教学环节，将成熟的课内实验从理论课中独立出来，加强实验课的可操作性，使学生在学习中能将基本理论与概念和解决实际问题紧密结合，有利于创新能力的培养。与新的培养方案对实验教学的要求相对应，对为实验中心服务的相关本科专业的实验课程设置和实验教学大纲进行了修订。

针对新建立的实验课程体系，从基础验证型、综合设计型和开放选修型三个层次来设置和调整实验项目及其内容。基础验证型实验是第一层次，其主要内容是培养学生的知识和理论基础，加深学生对理论知识的理解，验证理论教学知识的相关定律和基本概念，掌握基本实验操作方法，具有一定的实验操作技能。该层次主要通过设置各门主干课程的实验教学来实现。综合设计型实验为第二层次，主要是提高综合分析及解决问题的能力，重点深化和拓展理论教学的内容，引导学生充分发挥自身的学习主动性，自行设计实验方案、选择实验设备和材料，并独立完成实验。该层次主要是通过设置的"综合实验"课程模块来实现。开放选修型实验为第三层次，主要是创新意识和能力的培养。该层次主要是依托学院设置的优秀生培养计划项目、本科生导师制和本科生创新计划项目、"挑战杯"课外学术作品竞赛和教师的科研项目等活动来实现，让学有余力的学生参与创新实验项目和科研项目。

5.3.4　实验教学体系的改革

（1）实验教学与理论教学之间有序衔接，实验课与理论课内容融会贯通。实验教学与理论教学相对独立，单独计学分；实验教学与理论教学大纲统一制订；每门实验课都由主讲理论课的教师总体负责该实验课程的建设。

（2）结合生物学科特点，合理安排实验教学内容。将植物学、植物生理学、动物学、生态学、微生物学、遗传学、细胞生物学、生理与药理学实验、生物化学、免疫学、分子生物学等基础实验课程内容，按基本技术、宏观（个体）水平、细胞水平和分子水平四个层次重新组合，共设 83 个实验项目。

（3）建立以"实验层次、实验类型、教学途径、考核方式"为代表的实验教学新体系，不断提高学生实践能力和创新能力的培养。

四个实验层次：基本技术、宏观（个体）水平、细胞水平、分子水平。由单纯的技能培养转化为系统综合能力的培养，增强了学生对生物学各门课程内在联系的认识，避免了实验内容的重复。

三种实验类型：基本实验、综合实验、设计研究实验。三种实验类型由浅入深、由易到难、由简单到综合，逐步培养学生的创新意识、创新精神和创新能力。

四种教学途径：必修实验、选修实验、开放实验、创新实验。在完成必修实验的基础上，给学生提供宽松的思维想象空间，尽展自己的智慧和才华，心情愉悦地进行实验，调动学生实验的积极性和主动性。

四种考核方式：实验预习、实验操作、实验报告、实验考试。客观、准确、科学地反映学生的知识、能力和素质，并对学生知识、能力和素质协调发展起导向作用。

（4）实验技术与方法合理综合，实验内容与科研、生产实践有机结合。根据实验内容的内在联系，科学综合实验技术和实验方法，使综合性、设计创新性实验占实验项目的 62.3%，实验教学项目中引入科研成果项目 8 项。

（5）激发学生的科研兴趣，培养学生的创新精神和科学思维。每门实验课均需设计实验，学生通过自主选择实验题目、设计实验方案、填写申请书、师生论证、实验实施、总结讨论等程序进行科学研究训练。

5.3.5 实验教学模式改革

根据蚕桑产业和生物技术产业发展对专业人才的要求，进一步完善实验教学体系，积极开展实验教改研究。根据不同专业的要求，结合学生的培养目标，有计划、有选择、有针对性地逐步选择并调整现有实验教学内容，合理分配实验内容中基础验证型实验、提高型实验和研究创新型实验的比例。主要从以下几个方面考虑：

（1）改革和完善实验教学体系和内容，改革实践教学与考核方法。实验课与理论课分离，实验内容独立开设，并强化相关课程实验教学内容的相互融合，按照生物学科的发展要求，不断完善"层次型、模块化"的实验教学体系，逐步增加综合性实验、开放实验、创新实验、选修实验和设计性实验的比例。及时更新实验内容，鼓励教师将最新科研成果应用到实验教学中，保证实验项目年更新率不低于5%。改革实践教学的考核方法，研究实行以实践综合能力考核为主，以口试、操作考核等多种形式为辅的考试方法。

（2）加大实验室开放力度，增加学生动手实践时数。实验管理中心拟定实验室开放计划，分3个方面加强实验教学的开放：一是制定基础实验室开放的管理办法和相关制度；二是建立开放实验室和实验项目的预约登记制度，方便学生预约实验项目、实验时间、仪器设备和实验室等；三是增加本科生科技创新开放实验室数量，同时制定激励措施，扩大教师科研实验室的开放面。

（3）"开放性实验—创新计划—毕业论文"一体化。充分利用现有条件，建立以学生为主体的一体化实践教学体系，将开放性实验、创新计划和毕业论文有机结合，可让教师定题，也可让学生自选课题，从企业和社会中寻找课题进行针对性研究与社会调查，培养学生提出问题、解决问题的独立探究能力和创新精神。

（4）学用交替及课堂与实习一体化。生物学科是实践性很强的学科，综合性与实践性（应用性）是学科的特色之一，在人才培养中，充分依靠校外实习基地。通过校外实习基地，尝试探索2~3 门课程的学用交替、课堂与实习地点一体化的教学模式，即学生从二年级开始每学年到企业短期顶岗实习一次，延续和深化课堂实验教学。通过企业实习，让学生接触与将来就业企业一致的工作环境，实现教学与企业需求的无缝对接。

（5）结合实验中心办学特色，实施"本科生全程导师制"。充分利用生物技术学院与蚕业研究所丰富的教学资源，为每位本科生设立一位导师，利用导师丰富的科研经验和条件以及研究生资源，为学生提供"一对一"的指导，切实加强学生的思维能力和动手能力。

5.3.6　队伍建设

5.3.6.1　实验教学队伍建设

根据实验教学需要，优化实验教学队伍。每门实验课都由高级职称教师作主讲，建立职称、学历、年龄结构合理的实验教学梯队。近 5 年内，青年实验教师 100% 具有博士学位，实验技术人员 67% 以上具有博士学位。逐步建立一支教学、科研、技术兼容，理论教学和实验教学互通，核心骨干相对稳定，结构合理，爱岗敬业，团结协作，勇于创新的实验教学团队。

5.3.6.2　实验教学队伍相关政策措施

（1）建立高水平的教授亲自指导本科生实验的机制，鼓励和支持教师将科研成果引入实验教学内容。目前已有 7 名博士生导师亲自指导本科生实验，其中有国家蚕桑产业技术体系岗位科学家 4 人。

（2）通过吸引高水平教师从事实践环节的教学来保证实验课、实习课的教学质量，规定教授必须为本科生上课，其中包括指导本科生实验。教授为学生开设设计创新实验，工作量按 1.3 的系数计算。

（3）实验课由理论课教师担任，负责该门实验课程的教学工作，建立起一支教育理念先进，理论教学、实验教学和科学研究互通，核心骨干相对稳定，结构合理的实验教师队伍。

（4）鼓励实验教师参与实验教学研究，教学成果与科研成果等同对待。

5.3.7　制定实验教学规范

实验教学是培养学生实践能力和创新意识的重要环节，是理论与实践结合的主要途径，是整个教学工作的一个重要组成部分。为加强实验教学管理，规范实验教学流程，提高实验教学质量，特制定本规范。

第一章　实验教学文档

第一条　实验教学大纲。实验教学大纲是实验课教师从事实验教学工作的基本文件，是确定实验教学任务和考核的依据；在教学计划中，有实验的课程都要有完整的实验教学大纲；实验教学大纲要符合专业培养目标的总体要求，明确实验项目、时数、类型、是否开放等要求；学院要根据科学技术的发展、实验教学改革成果，不断修订实验教学大纲。

第二条　实验课教材（讲义）。实验教学应有实验课教材（讲义）或指导书。实验课教材可采用统编或自编教材，教材内容必须符合大纲规定的基本要求。选用统编教材应考虑与课程实验内容相一致，自编教材须经实验中心主任审定后方可使用。有条件的实验室应充分运用信息技术等现代化教学手段组织教学。

第三条　实验教学任务书。实验教学任务书是实验教学环节中教与学的依据。学院必须结合课程实验教学大纲，填写、落实和管理好实验教学任务书。任务书中要求必做的实验项目原则上必须全部开出，任何部门和个人不得无故删减。

第四条　实验运行记录。实验运行记录是落实实验教学任务书的具体体现，是实验项目开出的真实反映，实验室要保存好学生在校期间的实验运行记录本或网上实验运行记录。

第五条　新开实验项目。实验室新开实验项目时，应填写新开实验项目申报表，经学院审定、报教务处审批后方可进行。新开实验要有教案或讲稿、标准实验报告等教学文件，并纳入实验教学大纲和实验教学计划。

第二章　实验教学准备

第六条　实验教学准备包括实验物质准备和实验教学资料准备两部分。

实验物质准备包括实验用仪器设备、低值耐用品、低值易耗品和实验场地准备。要求仪器设备、低值耐用品处于完好可用状态，消耗品充足，实验场地整齐、干净。

实验教学资料准备主要是指实验教学过程中所需的各种教学资料，包括实验教材（讲义）、标准实验报告、实验用仪器设备的有关资料（如使用说明书及计量标准）等。

第七条　实验教学备课包括实验教学教案准备和实验前预做。预做情况应予记录，当学期首开实验必须预做。通过备课，进一步明确实验目的、实验要求，熟悉实验原理、仪器设备及其操作方法，了解仪器设备的常见故障及排除方法，熟悉实验教学组织过程和实验的要点、难点。实验指导教师要用"实验教学智能管理系统"发布课程实验项目的目的、原理、仪器设备、观察与思考、知识拓展、注意事项等，指导学生预习。

第三章　实验教学授课

第八条　考勤。学生进入实验室必须签到。对无故缺席的学生以旷课论处，因请假缺做实验的学生，须另行安排时间补做。

第九条　授课。实验指导教师必须结合实验室实际讲解相关规定和要求，检查学生实验预习情况，讲解实验的原理、方法、要求和主要仪器设备及其使用方法。

第十条　指导。实验指导教师要及时发现问题，耐心地对学生进行指导，无特殊情况不可离开实验场所。

第十一条　检查。实验结束前，实验指导教师要检查实验结果是否正确、可靠，如实验失败，分析其原因，在学生的实验原始记录单上签字，并要求学生按规定断电、关水、关窗、整理实验室场地等。

第四章　实验报告

第十二条　实验报告要求使用有统一封面的实验报告簿，实验教师有权拒收散页的实验报告。

第十三条　学生应按要求认真、独立撰写实验报告，实验指导教师应认真进行评阅，如发现弄虚作假、抄袭等现象，以作弊处理。

第十四条　凡有数据分析处理要求的实验，实验报告必须附有实验指导教师签名的原始数据单。

第十五条　实验报告上交两周内，实验指导教师应全部批改完毕，并返给学生。

第十六条　在学期结束前，各实验室须将本学期所开实验的实验报告全部收回，妥善保管。原则上保管期限为一年，超过一年，每班保存3~5份至学生离校后两年。参与工程教育认证的专业，如有特殊要求，按相关文件要求执行。

第五章　成绩考核及记载

第十七条　成绩考核采用过程考核与目标考核相结合的方式。依据学生的预习情况、出勤情况、实验操作、实验结果和实验报告等对每项实验给出成绩，并及时录入"实验教学智能管理系统"。凡缺做实验项目而又未补做者，实验成绩为不及格。独立设课的实验成绩作为课程成绩单独记录，课内实验成绩按课程教学大纲规定的实验成绩占比计入课程总成绩。

第十八条　因客观原因如病假、代表学校参加活动及其他特殊情况而缺做实验者，在出具有关证明并经学院审核批准后，实验室应及时安排补做，补做实验成绩以正常实验成绩记录；因旷课而缺做实验者，实验成绩为不及格。

第十九条　实验成绩不及格者，原则上在当学期给予一次补做机会。

第二十条　实验成绩可以百分制，也可以优、良、中、及格、不及格（分别折合90、80、70、60、0分）记载。

第二十一条　成绩更改。实验课程成绩提交后，如自查发现录入等错误，实验教师提出成绩更改申请，经学院审批后再提交教务处审批。

第六章　教书育人

第二十二条　教书育人是每位教师的重要职责，基本要求：

（1）以平等、热情、友好的态度对待学生，建立良好的师生关系。有针对性地对学生进行引导和教育，注意自身行为举止，给学生以潜移默化的影响。

（2）对学生严格管理，帮助学生端正学习态度，养成严谨的科学作风，促进优良学风的形成。

（3）对学生进行社会公德和勤俭节约的教育，养成爱护公物的美德，对不良行为及时指出并予以纠正。

第七章　教学纪律

第二十三条　实验任务书一旦下达，如无特殊原因（如设备出现故障一时无法修复等）不得改动；实验教师的科研、科技服务或私事均应服从实验教学安排；学生除理论学习外应优先服从实验教学的安排；实验教师因健康或外出进修等原因不能上课时，必须由实验室或教研室主任指派他人代课，并报实践教学管理科备案。

5.4　产教融合的基地建设

教学工作和科研工作是高校所有工作中的两个中心环节，以高水平科学研究促进教学质量与人才培养水平的提升，是保障高校教学质量的重要途径。国家"十三五"规划纲要和教育部工作要点都指出："要大力推进科教融合发展"。随着"科教兴国"战略的实施和深化，以培养满足社会需求的应用型人才为目标的高等学校在科研与教学结合这一方面显得有些被动和不适应。因此，探讨并理顺高等学校科研工作与教学工作的关系，探索并建立科研与教学深度融合机制，在当前形势下具有十分重要的理论价值和实践意义。而实验教学是高等教育中不可缺少的重要环节，担负着培养学生实践和创新能力的重要使命。以突破和解决实验教学薄弱环节为重点，着力推进实验内容更新、实验课程结构优化、实验教学模式创新、实验教学方法及手段改革等几方面工作，探索有利于创新型、应用型人才培养的实验教学模式，以达到循序渐进培养学生创新型实验思维、综合性实验技能、初步的科学研究和较强动手实践能力的目的。

5.4.1 鑫缘茧丝绸集团股份有限公司

5.4.1.1 企业基本情况

（1）企业经营管理的基本情况

鑫缘茧丝绸集团股份有限公司（以下简称"鑫缘集团"）地处"中国湖桑之乡""中国茧丝绸之乡""中国茧丝绸生产基地"的江苏省海安市，于1994年成立，集团下辖13家分公司、85家茧站、20家子企业。集团主营业务为蚕茧、桑蚕丝、真丝绸、丝绸家纺等产品的研发、生产与销售，是我国唯一具有桑蚕良种繁育、养蚕、制丝、丝织、染整、真丝服饰家纺、桑蚕茧丝资源综合利用、文化创意产品等完整产业链条的骨干龙头企业，位列全国丝绸行业前列。

（2）企业在行业中的地位和作用、科研和智力人才实力情况

鑫缘集团以"服务三农"为己任，谋求共赢发展的持久力。在全国同行中率先推行"公司+基地+农户+高校院所"的茧丝绸产业化经营模式，上下游协同发展，实现多方共赢发展。集团适应新常态，开展集约化、规模化蚕业农场建设，建有30万亩桑园产业基地，带动农户22万户，成为我国茧丝绸产业链完整、科技创新能力强、品牌质量优、带动农民增收多的首批农业化国家重点龙头企业，商务部、科技部、农业农村部等部委均向全国推广了鑫缘的做法。

（3）企业职工教育经费的使用和职工教育培训、人才培养、科研、知识产权等方面的情况

鑫缘集团以"文化引领为追求"，打造坚实的团队凝聚力。

卓越绩效已成为鑫缘不断完善并深入企业文化核心的过程。鑫缘的愿景：创新茧丝绸产业，永当行业标杆；使命：以科技品牌传承丝绸文化，获农企双赢促进经济发展；核心价值观：精品人品同在，创新诚信永恒。鑫缘建立制度文化、管理体系、规范行为准则、视觉文化系统，将卓越绩效管理从形到神、由表及里、从标到本深入渗透。鑫缘不断追求卓越，以企业强大、员工富裕、顾客共赢为目标，提供一流服务、培养一流人才、创建国际一流茧丝绸企业。

（4）集团在本产业领域开展教育培训、协同育人、产学研合作等方面的智力、技术、设备基础和竞争能力

鑫缘集团以"品牌质量为核心"，构建坚实的事业基石，导入卓越绩效、质量、环境、测量、知识产权、物价诚信等管理体系。"鑫缘"商标为"中国驰名商标""江苏省著名商标"，"鑫缘"牌桑蚕生丝、真丝绸、蚕丝分别被授予"中国名牌产品""江苏名牌产品"称号。鑫源集团作为主要起草单位制定了《生丝》（GB/T 1797—2008）、《生丝试验方法》（GB/T 1798—2008）、《蚕丝被》（GB/T 24252—2019）、《桑蚕丝针织服装》（FZ/T 43015—2011）、《桑蚕天然彩色茧》（GB/T 29571—2013）等 8 项国家标准及多项行业标准，显示了鑫缘在行业中的话语权。2011 年，鑫源集团承担了西藏自治区和平解放 60 周年国家礼单任务，受到国家部委和西藏各界的好评。2012 年，国家质检总局批准鑫缘茧丝绸工业园区创建全国茧丝绸服饰家纺产业知名品牌示范区；2013 年，国家工信部认定鑫缘集团为全国首批品牌培育示范单位；2014 年，鑫源集团获"2014 中国纺织服装行业品牌价值 50 强企业"，品牌价值近 11 亿元，在中国纺织工业联合会发布的年度中国纺织服装企业竞争力百强名单中名列第29 位，被授予纺织行业质量领域最高奖项——全国纺织行业质量奖，被认定为"江苏省工业企业 AA 级单位"。

鑫缘集团以"低碳和谐为理念"，构建生态产业链。集团积极建设区域层面茧丝绸产业生态循环经济体系，推进以茧丝绸产

业循环经济为重点内容的生态产业富民强县工程，打造桑蚕茧丝副产物综合开发有机桑茶、蚕蛹油、日化产品等循环经济示范基地。国家发展改革委、国家环保总局等六部委认定鑫缘集团为国家循环经济试点示范企业。2013 年，鑫源集团以优异的成绩通过国家考评。

（5）企业近年来开展产教融合的基本情况

鑫缘集团以"科技为先导"，构建持续发展的核心竞争力。集团组建了多个国内丝绸行业科技创新平台，建立了国家桑蚕茧丝产业工程技术研究中心、国家蚕丝加工技术研发分中心、博士后科研工作站等；建立了院士领衔、国务院特贴专家、省中青年专家等组成的创新团队，从事茧丝绸研发与推广；建立了与多所院校产学研合作机制。集团承担了 30 多项国家级、省部级科技项目，12 项新产品获全国丝绸创新产品金奖，15 项科研成果荣获省部级科技进步奖，其中，丝胶回收与综合关键技术及产业化成果荣获 2013 年国家科技进步二等奖，天然彩色茧丝资源关键技术研发荣获江苏省科技进步一等奖。工程技术研究整体处于领先水平，天然彩色茧丝、功能性真丝家纺和桑蚕茧丝综合开发等成果处于国际领先水平。江苏省委、省政府领导视察集团，评价鑫缘集团是传统产业转型升级的成功典范。商务部、农业农村部肯定了鑫缘集团产业化经营带动产业和区域发展的做法。科技部、财政部肯定了鑫缘集团科技创新带动产业富民强县的做法。鑫缘集团被评为江苏省企业创新先进单位、中国纺织技术创新示范企业、2014 全国丝绸行业年度创新企业。

（6）企业产教融合发展规划

鑫缘集团与江苏科技大学合作，拟在人才培养、科学研究和服务社会等方面快速提升，从而提高江苏科技大学人才培养质量和就业质量、提升师资队伍教学和科研能力、提高服务经济社会的能力。未来几年开展产教融合、校企合作的工作计划及主要目标包括以下几个方面：

① 课程及教学资源建设。课程是教学实施的基本单元，是学

生知识、能力、素质培养的基本载体，是教学建设的重中之重。积极改革教学内容，按照能力导向的配置方式，重构课程理论体系，完成"家蚕饲养与良种繁育"及"茧丝学"两门课程的建设。大力开发有企业参与编写的、具有针对性的、操作性强的实验实训指导书，包括养蚕制种实习及茧丝学实习。

② 实习实训条件建设。在学校已有实验实训条件的基础上，进一步加强江苏科技大学校内实训设施建设。优先建设基础性强，可满足多门课程实训、专业发展前景较好的实训室，以满足校内实践教学的需要。通过校企融合发展，在江苏科技大学建立现代化的家蚕饲养与繁殖的小型实验室，以满足蚕桑生产实习的需要。企业参与实验室的规划和建设，并参与学生的实训内容、过程、实施方式、成果表现形式、实训成绩评价等。

③ 开展生产性实训。逐步构建校外实习实训基地校企共管的运行机制，在鑫缘集团增设校外实训基地，大学一年级学生到企业考察学习，进行认知实习；三年级学生到企业进行养蚕制种实习及茧丝学实习，由企业中的特聘教师指导；四年级学生到企业进行毕业实习，由企业特聘教师指导相关学生的毕业选题、毕业设计，并参与学生的毕业答辩。逐步引导企业落实接收学生实习实训和教师企业实践的责任，并推进实习实训规范化，保障学生享有合理报酬等合法权益。

④ 高校教师队伍建设。江苏科技大学蚕桑专业教师（尤其是新教师），进入公司一线岗位进行锻炼，在蚕桑生产中深入学习专业知识，了解蚕桑生产新设施、新技术，发现企业蚕桑生产需要解决的实际问题，进而增强教师专业实际工作能力，提升校内教师的整体素质和能力，加大骨干教师队伍建设力度。同时，公司选派内部讲师到学校讲授企业专业课程，使校企形成长远的、牢固的、有实质性内容的深度合作。

⑤ 就业工作。加强对学生的就业指导和服务，搭建学生就业服务平台；努力拓宽就业推荐渠道，提高毕业生就业的供需比。企业优先接收江苏科技大学的毕业生，实现并保持专业及层次对

口率达到90%以上，使大多数毕业生有较为满意且稳定的就业岗位。

5.4.2 句容市东方紫酒业有限公司

5.4.2.1 企业基本情况

（1）企业经营管理的基本情况

句容市东方紫酒业有限公司（以下简称"东方紫公司"）是一家集生产研发、酒庄体验于一体的桑果酒生产企业，是世界紫酒的开创者。

公司自1999年从台湾引进优质的酿酒专用桑葚种苗，经过几十年的发展，桑葚种植面积已达3万多亩，是目前世界上面积最大的绿色无污染、酿酒专用桑葚种植园。公司研发生产的"东方紫桑葚果酒"系列产品是以优质桑果为原料，采用先进的设备和工艺酿造而成的，其饮用方法与高端红酒相似，但养生功效远高于红酒，是一款新品类酒。

公司在2015年获得"江苏省农业产业化重点龙头企业"称号。围绕日益发展的桑果产业，句容市政府成立"句容市东方紫现代农业产业园区"，茅山镇丁家边村成立"丁家边紫玉桑葚专业合作社"。公司采用"农业龙头企业+农业专业合作社+农户"的运营模式，每年与合作社签订桑果收购合同，实行订单收购。这既保证了广大农户的利益，又使桑果原料的品质得到了很大的提升，同时企业的销售业绩也上了一个新台阶。2018年公司完成1450多万元的销售业绩，比2013年增长了3倍之多。

（2）企业在行业中的地位和作用、科研和智力人才实力情况

公司先后承担了"十二五国家支撑计划优质果酒关键技术研究及产业化"项目、"江苏省重点研发计划（现代农业）桑葚果酒产业化示范基地"项目、"镇江市科技计划项目桑葚酒精深加工关键技术及产业化"项目和"东方紫桑葚果酒系列产品产业化生产与示范"项目。其中，"东方紫桑葚果酒系列产品产业化生产与示范"项目被列为"国家级星火计划项目"。2015年，公司通过了HACCP食品安全卫生质量体系认证。2016年"东方紫"

被评为江苏省著名商标，东方紫酒业被评为"江苏省放心消费创建活动示范单位"，"东方紫"系列产品获得绿色产品认证。受中国食品工业协会委托，2018 年公司参与制定的国内第一个"桑葚（果）酒"行业团体标准已经颁布实施。"东方紫桑葚果酒"已经成为其他桑葚酒品牌酿造和品鉴的行业标杆。

（3）企业职工教育经费使用和职工教育培训、人才培养、科研、知识产权等方面的情况

21 世纪是知识经济时代，创新是知识经济时代的灵魂，人才培养是提升企业竞争力的核心，知识产权战略是企业发展战略的重要组成部分。东方紫公司拥有自主知识产权，2016—2018 年合计投入研发经费 200 万元，自主研发 8 项科技项目，3 年共完成科技成果转化 15 项，科技成果年平均转化 5 项。公司通过技术研发共获得 5 项发明专利和 2 项外观专利授权，并获得 8 项发明专利受理，代表性的专利有：一种桑葚蒸馏酒的酿造工艺（CN201110330723.4）、一种桑葚强化酒的制造方法（CN201110330722.X）、一种桑葚酒的酿造工艺（CN201110189499.1）、包装箱（东方紫桑果白兰地）（CN201830637296.7）、酒瓶（东方紫桑果白兰地）（CN201830637297.1）、一种桑葚饼干制品及其制备工艺（CN201510497751.3）、一种桑葚酒渣中矢车菊素花色苷的提取方法（CN201510679675.8）。公司每年按时交纳相关管理费用，不定期组织员工赴外地培训，提升专业技能。

（4）企业在本产业领域开展教育培训、协同育人、产学研合作等方面的智力、技术、设备基础和竞争能力

东方紫公司董事长高庆国博士毕业于美国田纳西大学，获政治学博士学位。2011 年，东方紫公司与中国农业大学联合创立"东方紫酒研发中心"，高庆国董事长任研发中心理事会理事长。2013 年，在国务院参事室华鼎国学基金会的直接领导下，设立"东方紫国酒文化研究专项基金"，高庆国董事长任执行主任。2018 年，公司作为项目责任人联合江苏省农业科学院食品加工研

究所承担了江苏省重点研发计划（现代农业）"桑葚酒渣增值利用关键技术研究及新产品开发"项目，目前项目已进入实施阶段。2018 年 7 月，公司与江苏省农业科学院完成"一种桑葚酒渣中矢车菊素花色苷的提取方法（CN201510679675.8），授权公告日 20180309"专利转让工作。公司联合南京财经大学食品科学与工程学院申报的句容市技术创新基金项目"高品质桑葚果酒酿造工程技术研究中心"2018 年 9 月通过专家验收。公司先后被授予"江苏省民营科技型企业""江苏省先进单位""江苏省研究生工作站"，同时开创人被授予"江苏省优秀企业家"称号。

5.4.2.2　企业近 3 年开展产教融合的基本情况

（1）普通高等学校情况

东方紫公司自成立以来，始终贯彻"产品品质是企业生存的基石"的发展理念，几年来不忘初心，始终坚持对产品品质的追求。公司先后与国内多所知名高校开展了产学研科技合作，2012 年与中国农业大学共同承担"国家公益性行业（农业）科研专项浆果贮藏与产地加工技术集成与示范项目"，公司基地被定为"桑葚技术示范基地"。2018 年，公司与江苏省农业科学院农产品加工研究所在桑葚的高值化利用及系列产品开发达成产学研合作协议，"桑葚酒渣增值利用关键技术研究及新产品开发"项目已经获得省科技厅立项，项目攻克了桑葚酒渣花色苷超声波辅助酶法提取关键技术、桑葚酒渣花色苷酶法修饰关键技术，开发出可溶性桑葚酒渣膳食纤维粉新产品，解决了桑葚酒酿造过程中废弃物利用难题，提高了桑葚酒渣的利用和经济价值。

（2）牵头成立或参与组建行业性或区域性职业教育集团或产教联盟等相关联盟组织情况

2018 年 12 月，公司联合中国蚕学会、江苏科技大学举办了"东方紫杯"第一届全国大学生蚕桑生物技术创新大赛。本次大赛作为中国蚕学会主办的科技创新实践大赛活动，为增强蚕桑专业大学生创新意识、弘扬创新精神、促进学术交流、培养创新人才提供了重要的展示平台。2019 年 6 月，公司与江苏科技大学就建立实习基地和"产学研"合作签订了合作协议。2019 年 11 月 16 日,"东方紫杯"第二届全国大学生蚕桑生物技术创新大赛在西南大学顺利举行,大赛主题为"弘扬丝路精神,绽放创新青春"。东方紫酒业为中国蚕桑生物技术专业的未来发展和创新人才培养方面贡献着自己的一份微薄之力。

(3)承担省级以上现代学徒制和企业新型学徒制、1+X 证书等试点任务,以及累计培养学生数、毕业学生数等成效情况

2015 年,句容市东方紫酒业有限公司与南京财经大学合作申报,由江苏省教育厅、江苏省科技厅设立江苏省企业研究生工作站。2017 年,公司董事长高庆国博士由江苏省人才工作领导小组办公室、江苏省教育厅、江苏省科学技术厅、江苏省人力资源与社会保障厅、江苏省财政厅联合聘任为江苏省第五批研究生导师类产业教授,参与食品工程专业学位硕士点研究生培养方案讨论,拟"桑葚籽黄酮提取工艺优化及抗氧化性和抑菌性测定"课题,开设教学讲座,联合培养硕士研究生 2 名(其中 1 名已毕业、1 名在读),开设讲座 2 场。

(4)捐赠职业院校、普通高等学校教学设施设备情况

2018 年 7 月,公司通过与中国蚕学会、中国农业科学院蚕业研究所、江苏科技大学合作,成立"东方紫桑产业研究院"及农业农村部蚕桑产品"食用昆虫质量安全风险评估实验室东方紫实验站",并投入相应的教学研究设备。

(5)参与职业院校、普通高等学校教学改革、课程开发等工作情况

2018 年,公司有 3 位专家受聘江苏科技大学生物工程专业人才培养方案的修订顾问委员,积极参与了生物工程专业人才培养方案和教学大纲的修订工作,并提出了宝贵的意见。

5.4.2.3 企业产教融合发展规划

(1)主要工作思路

以顶岗实习模式为基础,不断强化定向培养模式的构建与深化,定制化培养技能人才,提高人才培养效率;实现资源的共建

与共享，提升校企合作层次，推动人员配置能力的提升与东方紫品牌的推广。

① 顶岗实习。公司将与江苏科技大学签订"顶岗实习协议"，计划每年招聘 10～15 名学生到公司进行顶岗实习，同时授予江苏科技大学校企合作牌匾，提升企业形象，进行品牌推广。

② 定向培养。通过开设"东方紫定向班"，定制化培养技能人才，并组织学生进行见习和顶岗实习；与江苏科技大学签订"校企合作协议"，共同设计教学课程、参与教学管理，捐赠教学设备，授予合作牌匾，提升企业形象，持续性进行品牌推广；共享院校教育资源，建立技能员工培训基地。

③ 共建基地。校企共同规划、建设实训基地，学校提供教学场地与教学资源，公司提供见习基地，并捐赠部分教学设备，如发酵设备、分离纯化设备等。

（2）主要工作计划

① 共同设计教学（培训）课程。公司将与江苏科技大学共同确定教学课程，将公司部分培训课程导入教学计划；学校课程分为基础课和必修课，由学校根据教育部、主管部门的相关要求自行开设基础课和必修课。企业课程分为基础课程和专业课程。基础课程由公司提出，学校安排老师在一、二年级进行授课；专业课程由公司设定，穿插在每个学期，由公司选派内部讲师进行授课。根据企业生产实际和生产车间需求，定制化培养人才，与江苏科技大学共同开设具有东方紫企业特色的基础课程和专业课程。

② 共同建设培养（实训）基地。由江苏科技大学提供教学场地、实训场所、教师资源；东方紫公司按照每班级 2 台发酵设备和 1 套分离纯化设备的标准捐赠教学设备，共建培养（实训）基地。

③ 共同开展班级管理。公司与学校共同制定管理办法、考评细则、激励措施等管理制度。江苏科技大学负责定向培养班级的日常管理，东方紫公司负责组织学生参观见习、工学交替、顶岗实习。同时，编制企业专业课课件，组织专题竞赛活动，设计优秀学生评价模型，制订奖学金计划等相关文件及规章制度。

④ 共同互派教师授课及岗位锻炼。由江苏科技大学选派教师进公司一线岗位进行锻炼；同时公司将选派内部讲师到学校讲授企业专业课程。校企人员互聘互派是校企合作深化发展的重要措施，参与到对方教学、生产的各个方面，开展教学、生产及科研合作等活动，从而使校企形成长远的、牢固的、有实质性内容的深度合作。

（3）主要目标

根据整体规划，未来 3 年开展产教融合、校企合作的主要目标如下：

① 制定校企合作管理办法。通过制定《校企合作管理办法》进一步落实校企合作育人机制；设定校企合作模式；明确管理职责划分；制定院校评价模型、优秀学生评价模型和奖学金授予标准等；明晰相关业务流程，将定向合作业务流程和教学设备捐赠流程进行明确规定；校企合作的管理规范化运营。

② 教学设备捐赠及校企合作基地的构建。由江苏科技大学提供教学场地、实训场所、教师资源；东方紫公司按照每班级 2 台发酵设备和 1 套分离纯化设备的标准捐赠教学设备，共建校企合作基地。

③ 自主开发定向培养教材。公司成立产教融合课题研发组，邀请 10 名本领域专家确定培训大纲和目录；在征求江苏科技大学 5 名专业课教师意见后，选择 8 名内训师参与教材编制。未来 3 年公司将组织编写 5~8 门教材。

5.5　实习实训就业体系建设

5.5.1　实习规范的制定

生产（毕业）实习是高等学校教学计划中的重要组成部分，是对学生进行工程基本训练的重要教学环节之一。为进一步加强学校学生生产（毕业）实习工作的组织和管理，特制定本暂行规定。

一、实习的目的与要求

通过生产（毕业）实习，使学生将所学知识与生产实际相结合，培养学生综合应用知识的能力和从事本学科科学研究的初步能力。

二、实习期限

按各专业教学计划及其规定的实习内容、次数和周数确定。

三、实习的组织领导

实习实行校、院（部）两级管理。实习指导教师是实习工作的具体组织者与实施者。各级管理部门及指导教师的职责如下：

1. 根据教学计划的要求，组织拟订本院（部）各专业的实习大纲和实习计划，报教务处备案。实习大纲一般包括：实习的目的、任务和具体要求；实习的程序与时间安排；实习的内容和方法；对学生的要求；思想政治教育工作，包括精神文明教育、劳动教育、纪律教育、勤俭节约和保密保安及安全生产等教育；检查和考核办法。

2. 选派实习指导教师。按照完成实习任务的要求，挑选一定数量的业务水平较高、有一定组织能力、思想作风好、工作责任心强的教师担任实习指导教师，其中具有中级职称以上者至少应占比三分之二，并尽可能选派职称高、实践经验丰富的教师指导实习。

3. 认真选择实习地点，逐步达到相对稳定、专业对口、满足实习大纲的要求。尽可能就近就地、节省开支。条件许可时，应优先安排在校内进行实习。

4. 控制和审批各项实习教学任务的经费支出。

5. 检查和指导实习工作，协调和解决实习中遇到的问题，总结、交流工作经验。

6. 实习出发前，组织学生学习实习大纲和有关规章制度，做好实习前的思想动员工作。实习结束后，要督促指导教师做好实习总结工作，并填写"实习汇报表"。

7. 每年9月底前填报下一年度的"外厂实习安排表"，经分管教学的院（部）领导审核后交教务处备案。

8. 在每学期开学后第 4 周前填报下一学期执行教学计划表时，应详细填写实习安排，并充分考虑实施的可能性。

四、指导教师职责

1. 根据实习大纲要求，结合实习单位的具体情况，拟订实习进程计划。其内容应包括：实习内容和要求；实习的车间、工段（或班组）岗位；实习的程序和时间安排；现场上课的内容和地点；参观的单位与内容；实习时学生应完成的作业与要求等。实习进程计划拟定后报院（部）领导审批，并送教务处备案。

2. 对学生和实习单位阐明实习大纲及实习计划内容，明确实习目的和要求。

3. 应与实习单位指派的技术指导人员一起具体指导学生实习，注意培养学生的独立工作能力，及时检查学生的实习工作日记，掌握实习进度。

4. 组织专题讲座，结合实习的要求讲授必要的理论知识、组织必要的参观等。指导学生搜集有关课程设计、毕业设计及教学、科学技术活动等方面所需要的资料。

5. 指导学生撰写实习报告，做好学生的实习成绩考核及评定工作。

6. 对学生全面负责。关心学生在实习过程中的学习、思想、生活及身体健康等方面的情况，教育学生遵守劳动纪律和保密保安及安全生产等制度。

7. 向所在院（部）汇报实习工作情况，实习结束两周内，按规定做好实习经费结算与报销工作，并填写"实习汇报表"，完成书面总结报告，一式两份，一份交院（部）办公室，一份交教务处。

8. 加强与实习单位的联系，处理好学校与实习单位的关系。

9. 根据学校的有关规定，对实习中的违纪违规学生提出处理意见，并及时报告所在院（部）分管领导。

10. 指导教师不得擅自离开岗位从事其他工作，不得私自找人顶替指导，否则作为教学事故处理。指导实习期间原则上不得请假，如遇特殊情况必须请假，应经所在院（部）领导批准，并由其他教师顶岗。

五、学生实习纪律

1. 应按照实习大纲、实习进度计划的要求和规定，严肃认真地完成实习任务；要做好实习笔记，按时完成实习考题或作业，结合自己的体会写好实习报告。

2. 服从带队教师的管理，遵守学校有关实习教学的各项规定。

3. 服从实习单位的安排，注意文明礼貌，按实习单位的规定着装，注意安全；尊重工程技术人员、工人的指导，重视向生产实际学习。

4. 严格遵守国家政策法令、企业保安保密规程、劳动纪律及其他有关制度。

5. 爱护公物，注意勤俭节约。

6. 维护学校荣誉，发扬互助友爱的精神，并处理好与实习单位的关系。

7. 实习期间不得迟到、早退和旷课，不得随意脱离岗位。未经带队教师批准不得离开实习驻地外宿。无正当理由，一律不得请假；若有特殊原因需要外出，必须请假的，3天以内由指导教师批准，3天以上应报请院（部）分管领导批准。请假时间不得超过本次实习期限的三分之一。实际实习时间不足三分之二者，将按学生守则进行纪律处分。

六、实习成绩的评定

1. 学生实习的总成绩由指导教师评定，指导教师应根据学生的实习态度、各项任务的完成情况、实习日记、实习报告及实习单位的评语等进行综合评分。

2. 学生实习成绩按五级分制记分，具体的评分标准为：

优秀：能完成实习计划，达到实习大纲规定的全部要求；实习报告中能对实习内容进行全面、系统的总结，并运用所学知识对某些问题加以分析，有一定的独立见解；实习中表现突出，能积极参加劳动，无违纪现象。

良好：能完成实习计划，达到实习大纲规定的全部要求；实习报告能对实习内容进行全面、系统的总结；实习中表现良好，能积极参加劳动，无违纪现象。

中等：能完成实习计划，达到实习大纲规定的主要要求；实习报告能对实习内容进行较为全面的总结；实习中表现较好，能积极参加劳动，无违纪现象。

及格：能完成实习计划，达到实习大纲规定的基本要求；能完成实习报告，内容基本正确；实习中劳动态度一般，无违纪现象。

不及格：凡具有下列情况之一者，作不及格处理：

1. 未达到实习大纲的基本要求，实习报告马虎潦草，内容有明显错误；

2. 学生在实习期间因故缺席的时间超过全部实习时间的三分之一以上者。

5.5.2　实习基地

5.5.2.1　江苏七〇七天然制药有限公司

江苏七〇七天然制药有限公司是具有现代企业制度、专业生产天然药物制剂、通过国家 GMP 认证的高新技术企业。

公司是江苏省高新技术企业、江苏省创新型企业、江苏省科技型中小企业、江苏省 AAA 级"重合同 守信用"企业和镇江市 A 类劳动关系和谐模范企业，2009 年度获"镇江市先进企事业五一劳动奖状"。

经过两年的精心建设，公司"迁建及中药生产现代化技改项目"一期工程顺利竣工。2010 年，企业整体搬迁至润州工业园区（长江路 707 号，润扬大桥西南侧），实现了新厂房、新工艺、新设备，围绕新观念、新要求、新目标，各项工作呈现出新气象、新面貌。公司将发扬团结奋进、开拓创新的精神，以先进的理念、先进的管理，打造一座充满生机与活力、花园式、集天然制药医药物流与中药研发为一体的现代制药集团。

公司品种、剂型资源优势明显，拥有 14 条中药生产线和 72 个国家药品注册品种，是中药制药行业保留和继承传统剂型较多的天然制药企业之一。

公司拥有"江苏省巴布剂工程技术研究中心"，承担的"大载药量亲水性中药巴布剂关键技术开发与产业化"项目系 2008 年江苏省重大科技成果转化资金项目。

根据现代企业制度要求构建公司管理体系，实行董事会领导下的总经理负责制。公司董事长、党总支书记耿同全，系江苏省巴布剂工程技术研究中心负责人、中国中医药研究促进会第二届中药制药专业委员会副主任委员、中国中药协会理事、《中国天然药物》特邀编委、江苏大学兼职副教授、南京中医药大学董事会董事及"江苏省高层次创业创新人才培育计划"拔尖人才培育对象。

5.5.2.2　江苏恒顺集团有限公司

江苏恒顺集团有限公司是中国现今规模最大、现代化程度最高的食醋生产企业，为全国同行业首家上市公司。集团资产总额达到 40 亿元，年销售额超过 20 亿元，其中主营销售额 12 亿元。在企业不断发展壮大的过程中，"恒顺人"传承古法酿造技艺，严守"质量是企业生命线"的厂训，使得独特的"恒顺固态分层发酵技艺"被列入首批国家非物质文化遗产保护名录。在注重传承的基础上，"恒顺人"更注重创新发展。企业以池代缸、机械翻醅、工业化发展、资本化运作等引领行业发展潮流。恒顺企业也因对行业发展做出突出贡献，而成为中国调味品协会会长单位和中国食醋专业委员会主任委员单位。

作为中国四大名醋之一，在引领中国醋业发展的基础上，目前"百年恒顺"已形成色醋、白醋、料酒、酱类、酱油、麻油、酱菜七大品类系列产品，广销 50 多个国家并供应我国驻外 160 多个国家使领馆。恒顺产品先后 5 次获国际金奖，3 次蝉联国家质量金奖，是欧盟地理标志产品、中国名牌产品。2010 年，恒顺产品还获得上海世博会食醋行业唯一的产品质量奖。恒顺品牌获得了"中国食醋产业领导品牌"等荣誉。恒顺集团先后荣获"国家级农业产业化重点龙头企业""全国守合同重信用企业""中国调味品行业食醋十强品牌企业""中国调味品行业最具资本竞争力企业"等称号。2012 年，恒顺集团被认定为国家高新技术企业，2013 年荣获"亚洲名优品牌奖"。

5.5.2.3　江苏富安茧丝绸股份有限公司

江苏富安茧丝绸股份有限公司系农业部等 9 部委联合认定的农业产业化国家重点龙头企业和江苏省 30 家重点骨干龙头企业，坐落于国家级星火技术密集区和素有"中国茧都"之美誉的东台市富安镇。

公司现连接 6 万亩优质丰产桑园基地、20 万养蚕农民，有 1 个蚕桑技术服务中心、8 个茧丝绸加工企业，年产优质蚕茧 10 万担、高等级白厂丝 600 吨、捻线丝 100 吨、真丝绸面料 300 万米、真丝服装 20 万件、桑蚕丝被 5 万条。其中，蚕茧产量、质量位列全国同行业前茅，白厂丝平均等级达 5A 级以上，6A 级高等级生丝的比例占 60%，成为全国最大的优质高等级生丝生产出口企业，产品出口日本、欧美等国家和地区。"富安"牌桑蚕丝荣获"中国名牌产品"称号。公司通过 ISO9001 质量管理体系和 ISO14001 环境管理体系认证，资信等级为 AAA 级。2001 年，公司被表彰为"九五"期间"江苏省先进乡镇企业"，并被评为"江苏省文明单位"，2002 年被国家农业部等 9 部委联合认定为农业产业化国家重点龙头企业，2004 年又被确定为"江苏省 30 家重点骨干龙头企业"和"辐射带动 20 强龙头企业"。

近年来，公司充分发挥自身优势，因势利导进行农业产业结构调整，引导农民栽桑养蚕，成立了国家首家蚕农合作社，与蚕农结合成利益共同体；大力发展茧丝绸加工业，先后实施缫丝技改扩能，新上捻线丝、真丝绸织造和真丝服务等项目，使得缫丝、捻线丝生产规模及技术水平和产品质量位列全国同行业前茅，成为致富一方百姓的茧丝绸支柱产业，开拓出一条被誉为"富安模式"的"公司+蚕农合作社+农民"的茧丝绸产业化发展之路，得到了中央、省、市领导和有关专家的充分肯定，国务院前副总理姜春云曾亲临公司视察，国务院原总理温家宝曾对公司茧丝绸产业化经营的做法做出重要批示。

5.5.2.4 江苏民星茧丝绸股份有限公司

江苏民星茧丝绸股份有限公司是江苏省东台市茧丝绸行业两大龙头企业之一，茧丝产量占东台市的 68%。公司注册资本金3086 万元，其中民资占 53%，社会法人股（18 个基层供销社）占 47%，现有员工 568 人，其中专业技术人员 98 人。

公司辐射区域内有桑园 10 万亩，年饲养蚕种 33 万张，收购鲜茧 24.6 万担，生产白厂丝 1580 吨，茧丝质量在全国行业中领先。公司下辖 10 家丝厂、3 家绸厂、2 家服装厂和 5.5 万户蚕农。公司创建的安丰、许河、唐洋三个加工集中区初具规模，并实行集团化运作。2011 年，公司、工厂和蚕农实现销售收入 16 亿元，利税 1.2 亿元。公司本部实现销售 5.2 亿元，创利税超 2600 万元。公司先后通过了 ISO9001 质量管理体系和 ISO14001 环境管理体系认证，资信等级为 AAA 级。公司建立以来"以科技创新为突破口，以推进产业化经营为抓手，以发展区域规模为重点，以提高茧、丝质量为己任，以创树'星云'品牌为关键，以服务蚕农和致富农村为目标"，稳步迈出产业战略性发展的步伐，经过10 多年的不懈努力在全国丝绸行业中占据重要的位置，树立了享誉国内外的良好企业形象。

公司同东台市蚕桑技术指导管理中心、东台市蚕业协会和民星蚕业合作社联合实行"四位一体"协同运行，推行的"党群组织+合作社+公司+科技（品牌）+工厂+蚕农"的产业化经营模式享誉全国。公司先后荣获"国家高新技术企业""全国供销系统先进集体""全国供销系统文明示范单位""江苏省重点农业产业化龙头企业""江苏省农业科技型企业""江苏省重点星火龙头企业""江苏省农业开发重点龙头企业"等称号。"星云"牌干茧先后获得"江苏省名牌产品"和"中国国际农博会名牌产品"称号。公司还创建了省级工程技术研究中心。

5.5.2.5　南京金斯瑞生物科技有限公司

南京金斯瑞生物科技有限公司（以下简称"金斯瑞公司"）是全球化的生物科技集团公司。公司植根于领先的基因合成技术，业务范围涵盖生命科学服务及产品、工业合成生物产品、生物药 CDMO 及细胞治疗四大领域。

金斯瑞公司成立于 2002 年，并于 2015 年在港交所主板挂牌上市（集团总部位于中国南京），运营实体遍布大中华区、北美区、欧洲区及亚太区，并以此为依托，为全球 160 多个国家和地区的 10 多万客户提供优质、便捷、可靠的服务与产品。

目前，金斯瑞公司在全球拥有超过 3000 名员工，其中 34%以上的员工拥有硕士或博士学位。金斯瑞公司拥有多项知识产权及技术机密，其中包含 100 多项授权专利及 270 多项专利申请。截至 2019 年 6 月 30 日，有超过 40300 篇经国际同业审阅的学术期刊文献引述了公司的服务及产品。

5.5.3　毕业实习与毕业设计（论文）管理

毕业实习与毕业设计（论文）是实现人才培养目标的重要实践教学环节，是全面检验学生综合素质与创新实践能力培养效果的主要手段。

5.5.3.1　组织管理

（1）毕业设计（论文）工作实行校、院二级管理，教务处负责宏观管理，学院负责本学院毕业设计（论文）工作的具体管理和质量控制。

（2）学院成立毕业设计（论文）工作领导小组，根据专业人才培养目标和教学计划，制订本学院的毕业设计（论文）工作计划，并组织实施。

5.5.3.2　毕业实习与毕业设计（论文）的目的与要求

毕业实习与毕业设计（论文）的目的是培养学生综合运用基础理论、专业知识和基本技能，提高分析与解决实际问题的能力，使学生获得从事专业工作所必需的基本训练和科学研究工作的初步能力。

　　毕业实习与毕业设计（论文）作为培养学生创新精神和创新实践能力的一次较为系统的训练，应注重以下几方面能力的培养：

　　① 调查研究、查阅中外文献和收集资料的能力；

　　② 针对复杂工程问题，制定或设计实验方案的能力；

　　③ 理论分析、设计计算和绘图的能力；

　　④ 实验研究和数据处理的能力；

　　⑤ 编制设计说明书及撰写论文的能力；

　　⑥ 外语、计算机应用的能力；

　　⑦ 表达、交流与思辨的能力；

　　⑧ 创新精神、创业意识和创新创业实践的能力；

　　⑨ 各专业在人才培养目标（毕业要求）中要达成的其他能力。

　　学院加强对毕业设计（论文）工作的领导，按照高等学校人才培养目标和毕业设计（论文）工作的基本要求，重视和加强学生创新意识和创新实践能力的培养，提高毕业设计（论文）的质量。

　　学院要采取有效措施，加强指导教师队伍建设，按要求选配指导教师，并充分发挥指导教师的作用。要加强对学生毕业设计（论文）的选题、指导、答辩、成绩评定等各个环节的质量检查，切实保证毕业设计（论文）的质量。

　　5.5.3.3　毕业设计（论文）选题

　　选题应遵循以下原则：

　　（1）课题的选择应符合专业人才培养目标，达到毕业设计（论文）教学大纲的基本要求，体现本专业综合训练内容，使学生得到比较全面的锻炼。

　　（2）课题的选择应体现教学与科研、生产、文化和经济相结合的原则。选题在符合毕业设计（论文）教学要求的前提下，应尽可能结合生产实际、科学研究、现代文化、经济建设的任务进行，促进教学、科研、生产的有机结合。

（3）选题的范围应尽可能多地反映现代科学技术发展水平，提倡不同专业（学科）互相结合，扩大专业面，开阔学生眼界，实现学科之间的交叉渗透。

（4）内容重复的课题一般不应超过两届，且每次应有所更新；每位教师指导的课题内容三届内不应重复。

（5）课题的选择应贯彻因材施教的原则，使学生在原有水平和能力的基础上有较大的提高，并鼓励学生有所创新。

（6）课题的工作量和难易程度要适当，使学生在指导教师的指导下经过努力能够完成，有适当的阶段性成果。

（7）毕业设计（论文）一般可分为工程设计（实践）、理论研究、实验研究、计算机软件设计和其他类型，各专业可根据本专业特点，在选题时有所侧重。

（8）工科类专业的选题应尽可能结合工程实际，工程设计类题目不应少于 85%；在保证基本工程训练、掌握本学科基本知识的基础上，可以安排学生做一些提高性、拓展性的研究专题。

（9）理科类专业的选题要有一定的理论深度，应结合当前的科技、经济发展现状，体现一定的学术水平。

（10）毕业设计（论文）应一人一题。由多位学生合作完成的团队题目，必须明确每位学生需独立完成的工作内容和要求，指明每位学生的任务重点，在题目上加以区别，以保证每个人都受到较全面的训练，具有各自的特点。

5.5.3.4　毕业设计（论文）工作程序与进程安排

（1）毕业设计（论文）工作分为选题、下达任务书、填写开题报告概述表、进行毕业设计（论文）、撰写毕业设计说明书（论文）和答辩 6 个阶段；毕业设计（论文）整个工作过程实行信息化管理，相关文档资料需提交至毕业设计管理信息系统。

（2）学院在第七学期结束前做好毕业设计（论文）的准备工作，并向学生公布毕业设计（论文）题目，进行双向选择，完成选题工作。

（3）毕业设计（论文）课题一般由指导教师提出（或由学

生自定，经指导教师审核后提出），需说明课题来源、主要内容、难易程度、工作量大小及完成课题需具备的条件等情况，经系（教研室）组织讨论，专业负责人同意，报分管教学的院领导批准。

（4）课题确定后，指导教师应认真填写毕业设计（论文）任务书。任务书中除布置整体工作内容、提供必要的资料和基础数据外，还应提出明确的工作要求，并按毕业设计（论文）各环节拟定阶段的工作进度，向学生推荐部分参考文献。

（5）任务书经系（教研室）审查，专业负责人同意，分管教学的院领导审核后方可确定。任务书一经审定，指导教师便不得随意更改，如因特殊情况需要变更的，必须经系（教研室）审查，专业负责人同意，并报分管教学的院领导批准。任务书应在毕业设计（论文）开始前发给学生。

（6）在毕业设计（论文）工作开始的2~4周内，学生应完成开题工作，包括资料收集、文献阅读和文献综述，同时填写开题报告概述表，了解选题的意义、国内外研究现状及存在的问题，落实主要研究内容、研究方法、步骤和措施等。

（7）在毕业设计（论文）工作的中期阶段，学院应组织开展毕业设计（论文）工作中期检查，发现问题及时解决，并提交中期检查表。在此基础上，教务处组织专家对毕业设计（论文）工作进行阶段性检查。

（8）在毕业设计（论文）工作结束前，学院应及时做好毕业设计书（论文）的评阅、答辩和成绩评定等工作。

5.5.3.5　对指导教师的要求

毕业设计（论文）工作实行指导教师负责制，指导教师应对整个毕业设计（论文）阶段的教学活动全面负责。

（1）毕业设计（论文）指导教师应由具有讲师（或其他中级职称）及以上职称的教师、工程技术人员担任。助教、研究生不能单独指导毕业设计（论文），但可有计划地安排他们协助指导教师的工作。指导教师由学院统一安排，报分管教学的院领导审查。

（2）对在校外做毕业设计（论文）的学生，可由各系（教研室）聘请外单位相当于讲师及以上职称的科研人员、工程技术人员和校内教师共同担任教学指导工作，校内指导教师必须掌握其教学进度及要求，并协调有关问题。具体参照《本科生在校外单位进行毕业设计（论文）工作的管理规定》　（江科大校〔2018〕29 号）。

（3）为确保毕业设计（论文）的质量，每位指导教师所指导的学生人数原则上不得超过 8 人。指导教师在学生毕业设计（论文）进行期间，要有足够的时间与学生直接见面。

（4）对初次担任毕业设计（论文）指导工作的教师，学院要指定专人定期给予具体指导。

（5）指导教师应把重点放在培养学生的独立工作能力和创新能力方面，应注重启发引导，注意调动学生的主动性和创造性。

（6）指导教师的具体任务：

① 选题。根据课题性质和要求编写毕业设计（论文）任务书，经系（教研室）主任审阅、专业负责人同意，分管教学院领导批准后下达给学生。

② 审定学生拟定的开题报告。

③ 定期与学生进行讨论交流，进行答疑和指导，中期对学生的工作态度、完成质量进行书面评价，提出意见与建议；经管、人文及外语类指导教师要根据毕业论文（设计）指导记录表，对学生每周的工作提出意见。

④ 指导学生正确撰写毕业设计（论文）。

⑤ 在毕业设计（论文）结束阶段，按毕业设计（论文）任务书要求审核学生完成任务情况，同时对学生进行答辩资格预审，并指导学生参加毕业答辩。

⑥ 学生在完成毕业设计（论文）后，指导教师应督促学生提交毕业设计（论文）相关的存档材料。根据学生毕业设计说明书（论文）的完成情况、工作态度、工作能力、设计（论文）质

量，填写指导教师评分表及毕业设计（论文）考核卡片。

5.5.3.6　对学生的要求

（1）学生在进行毕业设计（论文）之前，须通过资格审查。若专业教学计划规定的学分总量与学生当前所获学分总量之差大于32学分，则不具有进行毕业设计（论文）的资格。

（2）学生可在导师指导下，根据学院公布的毕业设计（论文）题目，采取自选与分配相结合的办法，确定自己毕业设计（论文）的课题；也可根据本专业特点，选择自己感兴趣的实际问题作为毕业设计（论文）的课题，但必须经指导教师同意。

（3）学生应高度重视毕业设计（论文）工作，明确自己所选课题的目的和意义，独立完成规定的工作，保质保量地完成任务。

（4）毕业设计（论文）结束时，学生需按要求将毕业设计（论文）成果和相关资料及时交给指导教师。

5.5.3.7　答辩

学院组织好毕业设计（论文）答辩工作，以检查学生是否达到毕业设计（论文）的基本要求。在毕业设计（论文）答辩前，学院应做好各项准备工作。

（1）成立答辩委员会。答辩委员会的任务是组织领导学院的毕业设计（论文）答辩工作，委员会主任由学院负责人或学术水平较高的教师担任，专业负责人原则上应是委员会成员。

（2）各专业成立相应的答辩小组，小组的任务是主持具体课题的答辩工作。小组成员可以由本专业（学科）的教师或与课题有关的3~5位教师组成。结合生产实际或科研任务的课题，在答辩时可聘请校外人员参加，但必须经答辩委员会同意。

（3）学院在答辩前一周将答辩小组人员组成、答辩时间、答辩地点等事项公布并报教务处。

（4）每个学生毕业设计（论文）完成后必须参加毕业答辩。在校外做毕业设计（论文）的学生原则上应回学校进行毕业答辩。

（5）学生毕业设计（论文）除指导教师给出成绩外，还应由各系指派一名评阅教师对其进行详细评阅，并给出评阅成绩。同时根据课题涉及的内容和要求，准备好不同难度的问题，以便在学生答辩时进行提问。

（6）答辩前，答辩委员会要专门开会研究答辩要求，各答辩小组必须认真执行。要严格审查学生的答辩资格，凡符合下列条件之一者，应取消其答辩资格，按不及格处理。

① 计旷课时间达到或超过毕业设计（论文）全过程的1/3 者；

② 未完成毕业设计（论文）要求者；

③ 未按照撰写规范完成毕业设计（论文）者；

④ 确定为严重抄袭者。

（7）答辩前，各答辩小组应认真审阅学生的毕业设计（论文），讨论确定答辩问题，做好答辩前的准备工作。

（8）每位学生答辩时间为 20 分钟，包括学生论文陈述 10 分钟和教师提问 10 分钟。

（9）答辩结束后，答辩小组（或答辩委员会）根据学生答辩情况，按照要求填写答辩记录表和答辩评分表。

5.5.3.8　成绩评定

（1）毕业设计（论文）成绩的评定，应以学生完成毕业设计（论文）工作任务的情况、工作态度、业务水平、毕业设计（论文）和图纸、作品的质量，以及答辩情况为依据。

（2）评定成绩必须坚持标准，从严要求。毕业设计（论文）成绩根据四个分值综合评定：平时成绩（20%）、指导教师评分（20%）、评阅教师评分（25%）、答辩成绩（35%）。成绩评定后，按要求填写成绩评定表。

（3）毕业设计（论文）成绩由系（教研室）主任审定，并掌握整个专业成绩的平衡。毕业设计（论文）成绩采用 5 级记分制（即优秀、良好、中等、及格、不及格）：优秀（90~100 分）、良好（80~89 分）、中等（70~79 分）、及格（60~69 分）、不及格（60 分以下）。优秀的比例应控制在 15% 以内，优良率不得超过 55%。

5.5.3.9　毕业设计（论文）教学管理工作

（1）毕业设计（论文）管理

毕业设计（论文）教学管理工作以学院为单位，由分管教学的院领导全面负责学院毕业设计（论文）工作，组织专家对毕业设计（论文）工作进行检查，并及时解决毕业设计（论文）工作中存在的问题。

（2）毕业设计（论文）动员

各专业在毕业设计（论文）开始前必须进行动员，组织指导教师、学生和有关人员学习学校关于本科生毕业设计（论文）工作的有关规定。

（3）毕业设计（论文）工作检查

检查工作分前期和中期两个阶段进行。前期：各专业着重检查指导教师的到岗情况，课题进行所必需的条件是否具备，毕业设计（论文）任务书是否下达到每位学生。中期：学院组织中期检查工作，着重检查毕业设计（论文）的工作进度、教师指导情况及工作中存在的困难和问题，并采取有效措施给予解决，对完成任务差的学生要给予警示。

（4）毕业设计（论文）后期工作

① 答辩前各专业教师应着重对学生的答辩资格进行审查，根据任务书的要求，检查学生完成工作任务的情况，并组织教师对学生毕业设计（论文）的成果进行验收。

② 学院提前公布公开答辩的时间和地点。

③ 答辩工作结束后，学院及时提交学生成绩。

（5）工作总结

毕业设计（论文）工作结束后，学院及专业要认真进行总结，撰写"毕业设计（论文）工作总结"，各专业的总结由学院存档，学院总结应于当学期结束前提交教务处。

总结内容包括：毕业设计（论文）基本情况分析，本单位在毕业设计（论文）工作过程中执行学校规定和要求的情况，工作特色和取得的显著效果，存在的问题及改进措施，对学校毕业设计（论文）工作提出的意见或建议等。

（6）毕业设计（论文）资料的保存

学院负责自行保存全套毕业设计（论文）电子文档资料，保存期为四年；成绩评定为优秀的毕业设计（论文）需按专业交一份纸质文档资料至校档案馆保存。

5.5.4　蚕桑家庭农场蹲点实训

为配合学校产教融合的实践教学改革体系建设，结合学校蚕学专业学生的专业特色和近年来蚕桑家庭农场的大规模推广，自2017 年起，学校陆续实施了蚕学专业学生实践教学改革，即蚕桑家庭农场蹲点实训。

5.5.4.1　蚕桑家庭农场的发展优势

蚕桑丝绸产业是我国的传统优势产业，我国蚕桑丝绸产业规模全球领先，蚕茧和生丝产量占全球 80%以上。近年来，随着工业化、城镇化进程的不断加快，农村劳动力的转移和人口老龄化的加剧，以及社会经济结构的转型升级，导致这个传统产业的根基面临严峻的挑战，传统小规模的一家一户蚕业经营模式，已严重制约了我国蚕业生产力的可持续发展。

2014 年，中央一号文件提出，要发展多种形式的规模经营，构建集约化、专业化、组织化、社会化相结合的新型农业经营体系，大力培育家庭农场、全托管等新型农业经营主体。蚕桑家庭农场的建设也成为构建新型农业经营体系的重要内容。蚕桑家庭农场是一种生产要素集聚、经营管理科学、技术设备先进、现代化程度较高的集约化、规模化的新型蚕业经营体系。蚕桑家庭农场主自主经营、自负盈亏，使利益和责任紧密结合，调动了生产的积极性，短期内即可形成高品质的现代蚕业。与普通农户相比，蚕桑家庭农场的经营管理科学性更高，更注重质量安全，蚕茧品质更高；科技化程度高，能及时更新生产设备，善于学习应用新技术，传播新技术；抗风险能力强，即使遇到问题造成一定的损失，也能很快自行恢复生产。

相比传统模式下的蚕业生产，蚕桑家庭农场利用率高，相对生产成本较小，生产效益高，通过开发、引进、利用、提升省力化饲养和省力化机械的效能，使蚕桑业进入机械化或半机械化，减轻了劳动强度，提高了劳动效率，促进了蚕桑产业的可持续发展，为我国未来蚕桑产业的崛起带来了巨大的希望。

5.5.4.2 学生参与蹲点实训的主要内容

随着蚕桑家庭农场的崛起，学校迅速调整了蚕学专业学生的实践教学改革方案，实习的组织形式由原来在校内分课程实习转变为全程在蚕桑家庭农场进行综合实践实习。实习的主要内容也根据蚕业发展的新形势、新变化进行及时跟进调整，目前主要包括：

（1）蚕桑综合种养模式的探讨与示范。让学生全程参与桑苗的种植、桑园的肥水管理及病虫害防治、桑叶桑果的采摘、家蚕饲养及蚕茧收获的全过程，示范推广桑园养鸡、养鹅、种植蔬菜、种植药材等套养套种模式，提高桑园的利用率和产出率。

（2）蚕桑新技术的应用实践。引导学生积极融入蚕桑产业的新技术应用、新设备研发及蚕桑新品种的培育工作。例如，近年来推广的小蚕人工饲料饲养、大蚕草本化条桑饲育的新型养蚕模式，大棚机械化、省力化养蚕的探索实践。

（3）蚕茧售卖及茧丝学实习。在蚕茧收获季节，学生可以参与蚕茧的售卖全过程，包括蚕茧的贮运、定价、收烘、茧丝学检测等过程，还可以到缫丝厂参观学习。

（4）参与家庭农场的生产和经济管理。通过实践实习，让学生树立生产管理和经济管理的意识，积极参与家庭农场的财务管理、税收、工商等相关的实际工作。

（5）全程参与蚕桑家庭农场的运营管理。让学生全程参与蚕桑家庭农场的运营管理，包括人事的聘用与管理、与政府相关部门的沟通协调、农场重大事务的组织决策等。让每一位参与实践的学生都树立农场主意识和责任担当意识。

（6）引入竞争和奖惩机制。将每年参与实训的学生分为若干个实习小组，3~4 人为一个小组，将各组学生平均分配到规模相当的几个家庭农场中，各农场之间采取劳动竞赛的形式。实习期结束时，对各农场的经济收益进行统一核算，对效益最好的农场中的实习生给予荣誉称号，并进行物质奖励。同时对于参与实训的学生，考核不合格的给予一定的惩罚。

5.5.4.3　学生参与蚕桑家庭农场蹲点实训的意义

蚕学专业学生参与蚕桑家庭农场蹲点实训的意义重大，是学校对产教融合的实践教学改革的具体探索与实践，改变了以往学生在校分课程进行实践教学的诸多缺点，使学生实践教学和专业实习更加系统化，有利于各课程实习内容的有机融合，有利于学生深入产业一线，近距离全方位接触新型职业农民和产业新技术新装备，培养了学生的农场经营管理意识和责任担当意识，有助于培养"爱蚕业、懂技术、善经营"的新型蚕桑家庭农场主，也有助于真正构建生态、社会、经济良性循环的贸工农、产供销、农科教一体化的现代蚕桑业可持续发展体系。

第6章　学以致用的创新创业教育

6.1　创新创业教育的背景

　　创新创业教育的理论研究和实践探索可追溯到 20 世纪 40 年代的美国，哈佛大学商学院的迈赖斯·迈斯（Myles Mace）教授当年开设了创新企业管理课程，被看作是高校中创新创业教育的开创先锋。20 世纪 70 年代后，美国逐步增设创新创业教育课程，完善课程体系建设。美国掀起这股热潮后，西方发达国家也开始相继开设创新创业教育课程，建立体系。

　　我国高校创新创业教育的实施起步相对较晚，始于 20 世纪末。1998 年，清华大学举办的首届创业计划大赛，使清华大学成为第一所将大学生创业计划竞赛引入亚洲的高校。2002 年，高校创业教育在我国正式启动，教育部将清华大学、北京航空航天大学、中国人民大学等 9 所院校确定为开展创业教育的试点院校。2010 年，《教育部关于大力推进高等学校创新创业教育和大学生自主创业工作的意见》中指出："在高等学校开展创新创业教育，积极鼓励高校学生自主创业，是教育系统深入学习实践科学发展观，服务于创新型国家建设的重大战略举措；是深化高等教育教学改革，培养学生创新精神和实践能力的重要途径；是落实以创业带动就业，促进高校毕业生充分就业的重要措施。" 2015 年，《国务院办公厅关于深化高等学校创新创业教育改革的实施意见》中指出："各高校要设置合理的创新创业学分，建立创新创业学分积累与转换制度，探索将学生开展创新实验、发表论文、获得专利和自主创业等情况折算为学分,将学生参与课题研究、项目实验等活动认定为课堂学习。"

20 多年来,创新创业教育逐渐引起全国各高校的重视。在国家有关部门和地方政府的积极引导下,一些高校进行了有益且高效的探索与实践。目前,国内高校的创新创业教育主要有以下几种类型:

① 以"挑战杯"及创业设计类竞赛为载体,开展创新创业教育;

② 以大学生就业指导课为依托,开展创新创业教育;

③ 以大学生创业基地(园区)为平台,开展创新创业教育;

④ 成立专门组织机构为保证,推动创新创业教育的开展;

⑤ 以人才培养模式创新实验区为试点,培养创新型人才;

⑥ 搭建创新创业教育课程体系,实施创新创业教育;

⑦ 融入人才培养方案,全面实施创新创业教育。

6.2 指导思想与建设目标

关于创新创业教育,学者给出了几种不同的定义。1991 年,东京创业创新教育国际会议从广义上把"创业创新教育"界定为培养最具开创型个性的人,包括培养首创精神、冒险精神、创业能力、独立工作能力,以及技术、社交和管理技能;狭义地说,它是创造一种新的职业工作岗位的教学实践活动,促进大学生走向自主就业的道路。对于社会而言,创新创业教育是以社会为中心,适应创新型国家发展需要而产生的新的教育理念,是经济社会发展的必然结果。总的来说,创新创业教育是在传统教育教学方式发生变革的情况下,旨在培养学生创新创业的意识、精神、思维和能力的教育理念和模式。通过培养更多的具有创新创业基本素质和开创型个性的人才,促进经济社会的进步和发展。创新创业教育是面向全社会,针对那些打算创业、已经创业、成功创业的创业群体,分阶段、分层次地进行创新思维培养和创业能力锻炼的教育。创新创业教育本质上是一种实用素质教育。创新创业教育是创新教育和创业教育的统一，在理念和内容上又对创新教育和创业教育进行了升华，是促进个体发展、教育教学改革、人类知识积累、社会经济发展的一项伟大事业。

理念思想是行动的先导，在高校创新创业教育改革的道路摸索中，应坚定不移贯彻指导思想："全面贯彻党的教育方针，落实立德树人根本任务，坚持创新引领创业、创业带动就业，主动适应经济发展新常态，以推进素质教育为主题，以提高人才培养质量为核心，以创新人才培养机制为重点，以完善条件和政策保障为支撑，促进高等教育与科技、经济、社会紧密结合，加快培养规模宏大、富有创新精神、勇于投身实践的创新创业人才队伍，不断提高高等教育对稳增长、促改革、调结构、惠民生的贡献度，为建设创新型国家、实现"两个一百年"奋斗目标和中华民族伟大复兴的中国梦提供强大的人才智力支撑。"同时建立起清晰明确的目标：自 2015 年起全面深化高校创新创业教育改革；2017 年取得重要进展，形成科学先进、广泛认同、具有中国特色的创新创业教育理念，形成一批可复制、可推广的制度成果，普及创新创业教育，实现新一轮大学生创业引领计划预期目标；到 2020 年，建立健全由课堂教学、自主学习、结合实践、指导帮扶、文化引领融为一体的高校创新创业教育体系，人才培养质量显著提升，学生的创新精神、创业意识和创新创业能力明显增强，投身创业实践的学生人数显著增加。

6.3 第二课堂的改革举措

第二课堂以其活动主体的自主性、内容的广泛性、形式的多样性、参与的实践性成为学校育人的重要载体，是为全面提升学生综合素质而进行的除第一课堂以外的教育实践活动。作为第一课堂的延伸和拓展，第二课堂对教室课堂内的教学内容进行了更加全面且有益的补充，为学生的能力培养和个性发展提供了广阔的舞台。

2010 年 6 月 21 日，中共中央政治局召开会议，审议并通过《国家中长期教育改革和发展规划纲要（2010—2020 年）》（以下简称《纲要》）。《纲要》指出，坚持以人为本、全面实施素质教育是教育改革发展的战略主题，是贯彻党的教育方针的时代要求，重点是面向全体学生、促进学生全面发展，结合素质教育的内涵进一步贯彻具体要求。着力提高学生服务国家、服务人民的社会责任感、勇于探索的创新精神和善于解决问题的实践能力。创新精神和实践能力是素质教育的重点，实际教学中需要得到重视并进行应用。为了贯彻战略主题，需要做到坚持德育为先、坚持能力为重、坚持全面发展的思想。

《纲要》发布后，各高校针对学生的第二课堂建设纷纷进行了改进举措。例如，江苏科技大学基于 2009 年《第二课堂要求选修学分评定管理办法》进行升级，将原先"实践能力和素质拓展"（总分 4 分）规划成创新研究活动类、社会实践活动类、人文艺术体育活动类三类，各项基本学分 2 分，累计分值低于 6 分则计为不及格，同时对其中各项的计分内容做了必修项目和上限的规定，能够确保学生在各项领域全面发展，增强学生的综合素质。生物技术学院在第二课堂的具体实施上，继续完善自我，创建活动平台。例如，加强校企合作，聘任企业导师，建立企业实习实践基地；完善本科生导师制度，积极引导学生参与创新创业训练项目和学科竞赛等，为学生第二课堂的开展提供大量渠道，在浓厚的创新创业环境中，学生更加注重个人能力的加强和综合素质的提高，极大地提高了学院毕业生的出口质量，增强了学生的就业竞争力。

第二课堂改革的本质是高校、师生提高对学生综合素质全面发展的重视，观念上要正确认识，思想上要给予肯定和支持。改革的途径可从两方面入手：在建设上，加大对第二课堂建设和管理的资金投入，策划建设活动场所，建立大学生创新创业中心，投入人力和物资，建立完善的奖励制度和管理体系，开展大规模的有组织性的第二课堂活动，为第二课堂各项活动的顺利进行提供保障；建设心理健康活动中心，帮助学生改善散漫、懒惰、"情起一时"、"三分钟热度" 等消极情绪和态度，引导学生改善思想，了解学生心理，听取意见和建议，进一步加强第二课堂建设，调动学生的积极性，提高学生第二课堂的参与度，保障第二课堂的可持续建设和发展。

6.4 创新创业教育与专业教育相融合

6.4.1 相关概念的界定

6.4.1.1 创新

创新是以新思维、新发明和新描述为特征的一种概念化的过程。创新有三层含义：一是更新；二是创造新的东西；三是改变。它以在现有的思维模式下提出有别于常规或常人思路的见解为导向，利用现有的知识和物质，在特定的环境中，本着理想化需要或为满足社会需求，改进或创造新的事物、方法、元素、路径、环境，并能获得一定有益效果的行为。因此，创新是人类特有的认识和实践能力，是人类主观能动性的高级表现，是推动民族进步和社会发展的不竭动力。一个民族要想走在时代前列，就一刻也不能没有创新思维，一刻也不能停止各种创新。可以这样说，人类社会的发展经历了由低级到高级、由简单到复杂、由原始到现代等一系列进化的过程，而这一进化过程的实质便是创新。

6.4.1.2 创业

创业是一种思考、推理和行为方式。它为机会所驱动，需要在方法上全盘考虑并需拥有和谐的领导能力。创业必须贡献出宝贵的时间、付出巨大的努力，承担相应的财务的、精神的和社会的风险，并以获得金钱的回报、个人的满足和独立自主为目的的社会行为，是一个人或一个团队发现商机并加以实际行动转化为具体的社会形态、获得利益、实现价值的过程。当前，创业对缓解我国社会就业压力起到了重要作用，各高校纷纷提倡大学生创业，现已成为当前就业的一种全新的、独特的模式。与普通就业不同的是，创业对于创业者来说，不是被动地期待他人给予自己就业的机会，而是主动为自己与他人创造就业的机会。

6.4.1.3　创新创业

创新创业是基于创新基础上的创业活动，既不同于单纯的创新，也不同于单纯的创业。创新强调的是开拓性与原创性，创业强调的是通过实际行动获取利益的行为。因此，在创新创业这一概念中，创新是创业的基础和前提，创业是创新的体现和延伸。二者之间有着相辅相成、紧密相连的关系。因而，创新是创新创业的特性，强调的是推陈出新，具有批判性、新颖性与原创性；创业是创新创业的宗旨，可以使创新具有可持续性。

6.4.1.4　创新教育

创新教育就是以培养人们创新精神和创新能力为基本价值取向的教育。其核心是在普及九年义务教育的基础上，在全面实施素质教育的过程中，为迎接知识经济时代的挑战，着重研究与解决在基础教育领域如何培养大中小学生的创新意识、创新精神和创新能力的问题。构建国家创新体系，面向知识经济实施创新战略包括一系列重要环节，除了知识创新和技术创新外，还必须重视它们与观念创新、组织创新、管理创新、制度创新之间的联系，教育创新也不例外。教育创新应该包括教育观念创新、教育模式创新、教学内容创新、教学方法创新、教育评价创新和教育教学制度创新。它是一项宏大的社会系统工程，需要教育领域和全社会的共同努力。

6.4.1.5　创业教育

1989 年在北京召开的"面向 21 世纪教育国际研讨会"上，创业教育的概念被初次提出。而自 1998 年清华大学举办首届创业计划大赛开始，创业教育逐步成为国内学者研究的焦点。进入 21 世纪，在经济全球化背景下，创业教育的提出是高校培养适应经济发展所需人才的必然选择。创业教育的教育目的是推动更高质量的就业，培养学生掌握创业知识、技能，激发学生的创业意识，进而改变学生原有的就业观念，通过教学内容、教学手段等方面的改革，以及"第二课堂"实践活动的开展，强化学生综合素质，是培养具有创业能力与创新能力的高素质人才的一种教育理念。

6.4.1.6 创新创业教育

作为深化教育改革的新措施，创新创业教育是一项全员参与、贯穿人才培养全过程的教育理念，以重引导、分类施教为原则，将创新教育、创业教育和专业教育紧密结合，采用课堂教学、课外活动与实践实训相结合的教学模式，是一种增强学生的创新精神，提升创业意识和能力的教育模式。我国政府高度重视高校创新创业教育活动的开展，坚持强基础、搭平台、重引导的原则，打造良好的创新创业教育环境，优化创新创业的制度和服务环境，营造鼓励创新创业的校园文化环境，着力构建全覆盖、分层次、有体系的高校创新创业教育体系。

6.4.1.7 专业教育

专业教育是指在专业学校进行的专门培养各级各类专业人才的教育，从而使学生掌握扎实的专业知识，为未来职业做充分的准备。《中华人民共和国高等教育法》对专业教育有一定的要求，就是保证学生能够系统地了解和掌握与本学科或专业相关的各种基础理论与知识，以及本专业的必需技能与方法，将学生培养成具备从事本专业实际工作或研究能力的人才。随着我国高等教育的发展日新月异，专业教育也有了新的理念：在"基本知识、基本理论、基本技能"的基础上，培养学生"会学、善学与乐学、专业基础扎实和实践能力强"的综合素质，以此提高专业教育质量，提高学生的竞争力。

6.4.2 创新创业教育与专业教育融合的理论基础

6.4.2.1 重新定位二者的关系：从疏离到融合

作为一门新兴学科，创新创业教育不仅是提升学生综合素质的重要途径，而且是深化高等教育综合改革的关键点。然而，有一些高校的创新创业教育开展形式比较单一，简单地照搬传统的教学理念、教学模式和教学方法。高校在实施创新创业教育的过程中，往往由于忽视创新创业教育本身具有实践性强的特点，使其与专业课程教育之间的矛盾未能得到有效协调，致使创新创业教育与专业教育的边界过于清晰，都处于"独在"的状态，忽视了彼此的亲缘关系。正是因为二者没有结合，从而影响了创新创业教育的效果，体现为创业成功率低、低端创业（无专业能力含量的创业）等问题。所以，实现二者的有机融合是高等教育人才培养模式改革的必然选择，也是提升就业率、降低高知人群失业率的现实需求。为了提升人才培养质量，提高创新创业教育的实效，高校需要进一步加大改革力度，使创新创业教育与专业教育深度融合。

专业教育和创新创业教育作为高校的两个有机组成部分，相辅相成、缺一不可。虽然二者在教学内容和教学模式上有所不同，但教育目的是一致的，都是培养适应经济发展所需的高素质人才。由此可以发现，二者之间存在着紧密联系，相互依赖，相互补充。创新创业教育并不能与专业教育相脱离，而是依赖于专业教育，只有有了专业教育的支撑，创新创业教育的开展才会更加顺利。所以，对于地方院校而言，必须按照人才培养的目标定位和创新创业教育的目标要求，探索有利于专业教育与创新创业教育相融合的路径，通过对专业课程的合理设置与调整寻求专业课程的创新创业教育资源，进而在教师讲解专业知识的过程中，潜移默化地渗透创新创业知识的传授，提升学生的综合能力。专业教育与创新创业教育之间是相互作用、相互促进的，前者是后者发展的基础所在，而后者又对前者的改革与完善具有重要的推动作用。因此，在教育教学过程中，努力实现二者的有机融合，进而为大学生开拓精神和批判性思维的培养，以及实践能力和创业能力的提升提供有利环境，同时也为地方院校创新人才培养模式提供强大动力。笔者认为，通过对创新创业教育与专业教育的关系的梳理，对于实现二者的深度融合具有重要的意义。

6.4.2.2 二者有机融合的必要性与可行性

近年来，我国高等教育事业获得长足发展，培养了大批高级专门人才，其中专业教育发挥了重要作用。但是，我们也清醒地认识到，当前经济发展对高等教育改革提出了新的要求，传统专业教育中的教育思想、观念、教学方法，甚至教学内容均难以满足市场经济背景下对大学生就业素质及创业素质的实际要求。因此，对于高等教育而言，必须将创新创业教育作为突破口，对高等教育改革进行深化，在专业教育中融入创新创业教育，培养出既掌握一定专业理论知识，又具有一定实践能力和创新能力的高素质优秀人才，这也成为高校的新使命。

（1）有机融合的必要性：理论前提

创新创业教育与专业教育的紧密结合是绝大多数从事创新创业教育教学、研究与实践的学者的普遍共识，但当前存在着理论与实践的严重背离。在推进创新创业教育改革过程中，有部分高校仍然停留在为落实文件而开展创新创业工作的状态，创新创业教育与人才培养方案没有很好地融合，与专业教育仍然是"两张皮"。也有很多高校尽管尝试将创新创业教育融入日常教学，但因课程设置、教学内容、师资数量和师资结构等诸多因素的限制，专业教育和创新创业教育依然处于"疏离"的状态。因此，创新创业教育与专业教育有机融合有两个必然：

一是高校人才培养模式改革的必然选择。随着高等教育迈入大众化阶段，实现创新创业教育与专业教育的融合，不仅有利于高校强化自身内涵建设，同时也有利于教育教学质量的提升。然而，目前我国高等教育依然实施以培养学生专业知识与技能为主的教育活动，忽视对学生创造力与想象力的培养。随着近几年创新创业教育的逐渐普及与推广，高校在人才培养中已取得一定的成效，尤其是在提升学生就业率、指导学生创业等方面发挥了重要作用。但由于受课程设置、教学内容、师资配备等多方面的影响，在专业教学中还没能很好地融入创新创业知识。实践证明，二者的有机融合既是提升学生综合素质的重要举措，更是高校人才培养模式改革的重要抓手。因此，高校应转变传统单一的"重理论轻实践"的教学理念，以社会需求为目的，创新人才培养模式，积极调整课程设置，有效将创新创业教育的创新能力、实践能力的培养融入专业教育，使二者关系从"疏离"走向"有机融合"，进一步提高学生的创新与实践能力，为学生的全面发展提供助力。

二是高校创新创业教育科学发展的必然需求。高校实施创新创业教育的过程中，应以专业教育为支撑，以培养学生的创业意识与能力为导向，激发学生的创业能量和创业激情，使学生个性发展与未来职业相协调，促进学生的全面成长。而学生创造能力、创新思维的培养，必须充分考虑学生的学科背景、知识技能、个性特点等，例如，市场营销专业教师在教学中可以适当讲解一些创业典型、创业者组织能力、企业家精神等相关内容，引导学生从所学的专业理论知识出发，促进学生对创业的了解。学生具备扎实的专业理论知识是有效实施创新创业教育的基础，创新创业教育不能脱离专业教育而单独运行，脱离专业教育给学生讲解创新创业也会显得单薄无力。

（2）有机融合的可行性：客观基础

作为大众创业、万众创新的生力军，学生不仅要学习和掌握扎实的专业理论知识，还要有分析问题和解决问题的实践能力，由此可见，专业教育和创新创业教育是不矛盾的。一方面，二者的有机融合有利于专业教育水平的提高。教育，是一个国家发展的动力所在。目前，我国高等教育存在"重理论轻实践"的现象，缺乏创新，对学生的能力特别是创造性能力的提高重视不够。"将创新创业教育作为高等教育改革的方向，能够帮助学生实现从理论到实践的转化，促进学生将专业理论知识运用到实践中，并提升其实践的能力与素质。"作为通识教育的一种形式，创新创业教育有益于改变传统单一的专业教育模式。实现二者的有机融合，使专业教育超越了传统的教育模式，在培养学生掌握相关学科专业知识的同时，也使学生将理论知识应用于具体实践。因此，通过专业教育与创新创业教育的有机融合，能进一步丰富专业教育的理念、定位，提高教育教学质量，培养出更多的创新创业型高级人才。另一方面，二者的有机融合有利于创新创业教育的深入推进。创新创业教育是一项长期的"系统工程"，既不能一蹴而就，又不能无的放矢。高校推进创新创业教育既是促进经济社会转型发展的外在表现，同时也是深化高等教育改革的内在需求，其根本目的是针对学生的开拓精神和实践能力的培养，提升教育教学质量。然而，"目前我国开展的创新创业教育具有普适性的特点，所有专业的学生接受的创业教育模式具有同一性或相似性，忽视了专业性对创新创业教育的影响。"这导致了二者仍然处于"疏离"的现状，无法激发学生获取多元创新创业知识的欲望。"一个人所学的学科与专业基本决定了他的知识结构，这种知识结构基本决定了其创业方向，尤其是创业初期的发展方向。"所以专业教育是高等教育教学活动的重中之重，可为培养学生的成长成才夯实基础。由此可见，高校开展创新创业教育需要以专业教育为依托，并将创新创业教育渗透到各专业的教学活动中，让学生的实践能力、动手能力和创新能力在专业教育中得以充分施展，进一步明确创新创业教育的发展方向。

6.4.2.3　二者有机融合的基本原则

创新创业教育与专业教育有机融合是一个探索和实践的过程，高校应进行系统设计，遵循适应性、问题导向、需求导向和循序渐进的原则，善于将学科优势转化为创新创业教育优势，逐步使二者从"疏离"走向"融合"，合力培养学生的开拓能力与创新能力，提升学生的综合素质。

（1）适应性原则

目前，我国高校以专业教育为主，以培养学生具备扎实的专业基础知识和较强的专业能力为目标，教学过程中主要依据专业人才培养方案。因此，创新创业教育与专业教育的融合，既要考虑专业人才培养方案的复杂性与系统性，又要考虑创新创业教育的综合性与实践性。高校应遵循适应性原则，在确保专业教学有序实施的前提下，有效融入创新创业教育。从培养目标、课程设计、学分要求、实践性教学活动等方面将创新创业教育融入专业人才培养方案，使其在专业教学过程中发挥出创新创业教育的实践作用，培养学生的综合素质与能力，不断提高人才培养质量。高校应遵循适应性原则，做好以下三个方面：一是创新创业教育与专业人才培养方案的融合，将创新创业教育理念融入专业人才培养的目标，包括课程性质和学分设置等；二是创新创业教育课程与专业课程的融合，这也是二者融合的"核心"所在，包括课程安排、课程内容、教师的选择等；三是创新创业教育与专业实训的融合，要充分考虑创新创业教育所具有的实践性，包括校内外实践平台的搭建，以及实践教学课程的计划、安排等。

（2）需求导向原则

受传统教学理念的影响，我国高等教育多以知识传授为主，忽视对学生主观能动性、创造力和想象力的培养，难以满足当前经济发展对于人才的需求。创新创业教育以培养学生的能力素质、思维品质为价值取向，其与专业教育相结合，有利于启发学生的探究性，促进学生的全面成长。由此可见，创新创业教育是专业教育的深化，对专业教育的作用是巨大的，可以有效促进专业教育的发展和创新。专业教育和创新创业教育作为高等教育不可或缺的两个组成部分，对培养既具备扎实的专业理论知识，又具有开拓精神和创新能力的高素质人才发挥着重要作用。因此，高校应遵循需求导向原则，从创新创业教育与专业教育互补的角度出发，促进二者的有机融合。一方面，要在高校寻求改革突破口的需求下，调整人才培养模式，在专业教学中充分、合理地融入创新创业教育，处理好学生专业理论知识与实践能力的培养之间的相互关系，有效提升教学质量；另一方面，要在经济发展对人才需求有转变的背景下，把培养学生的开拓创新精神与专业教育有机结合，使创新创业教育落地生根，从而合力提升学生的综合素质。

（3）循序渐进原则

在全面深化高等教育教学改革的背景下，促进创新创业教育与专业教育有机融合，这既是高等学校提升人才培养质量的内在需求，同时也是新发展理念下推进高等学校综合改革的重要举措。人才培养需要遵循人才成长规律，创新创业教育也不例外。因此，创新创业教育与专业教育的有机融合不是一蹴而就的，而是一个不断探索与实践的过程。高校应遵循循序渐进原则，突破传统观念和惯性思维，进一步改革创新，以回应深化高校人才培养改革的现实需要，使学生的创业激情和创造能力竞相迸发。

6.4.2.4　二者有机融合的发展过程

从已有研究的时间脉络进行梳理，关于我国高校创新创业教育与专业教育有机融合的研究，可以分为萌芽阶段、推进阶段和全国发展阶段。

第一阶段：萌芽阶段。随着我国加入世界贸易组织，国民经济结构面临转型发展，中共中央在 2003 年明确提出了人才强国战略。实施人才强国战略，必须加强各方面人才队伍建设，其中创新型科技人才队伍是重中之重。地方院校作为人才培养的重要基地，一方面要主动调整人才培养模式，加快转型发展；另一方面要在教育教学中，加大对学生实践能力和创新思维的培养比重。目前，已有部分院校在实践中尝试将创新创业教育融入专业教学。2007 年，国内开始有学者对创业教育与专业教育的融合进行研究。余于认为，地方院校应以成立创造教育研究中心为依托，走创造、创新、创业教育与专业教育相结合的特色教育之路，为社会培养更多的创新型人才。此观点以地方院校成立创造教育研究中心为出发点，探讨二者有机融合的开展和实施，为研究地方院校创新创业教育与专业教育有机融合提供了有益的参考。

第二阶段：推进阶段。2010 年，《教育部关于大力推进高等学校创新创业教育和促进大学生自主创业工作的意见》中明确阐述了创新创业教育与专业教育有机融合的重要性。高校要在专业教育的基础上，对创新创业课程进行合理设置，建立二者有机融合的课程体系。创新创业教育要面向全体学生，开设有学分的创新创业课程，促进学生全面发展。同期，教育主管部门加强对高校开展创新创业的监督与指导力度，相关研究也进入了推进阶段。

第三阶段：全面发展阶段。2015 年是中国深化创新创业教育改革的重要一年。《国务院办公厅关于深化高等学校创新创业教育改革的实施意见》中指出，高校要在人才培养方案设置、专业课程设置和教育教学过程中，丰富和发展创新创业教育。进一步明确了高校应在专业教育的基础上融入创业知识与技能，促进学生的全面成长。依据自身专业特色，有效推动创新创业教育与专业教育的有机融合。《国务院关于大力推进大众创业万众创新若干政策措施的意见》充分指出推进大众创业、万众创新的重要意义，集中体现了国家政府在最高层面对创新创业教育的重视。此标志性事件掀起了对二者有机融合研究的一股新热潮，越来越多的研究者投入高校创新创业教育与专业教育有机融合的课题研究。

6.4.2.5 二者有机融合的研究现状

第一，对有机融合的价值研究。创新创业教育有利于提升学生的开拓精神和创造性思维，是高等教育中不可或缺的一个部分，更是专业教育的延伸与深化。有研究者从二者关系的角度主张，创新创业教育与专业教育不是"两张皮"，而是"一股绳"，阐述了创新创业教育与专业教育相融合的必要与可能。也有研究者从教育目标的角度指出，创新创业教育和专业教育的内容本质上是相通的，且目标取向一致，即落实"立德树人"根本任务，培养适应我国经济社会发展的高素质创新创业人才。还有一些学者从二者有机融合的现实意义角度指出，专业教育是基础，创新创业教育是一种强化，将二者有机融合，有利于地方院校本科教育改革，有利于培养服务地方区域经济发展的高素质创新创业人才，不断提升教育教学质量。目前的研究结果已经表明，二者的有机融合是建设创新型国家的迫切需要，是知识经济时代的客观要求，是促进学科之间交叉融合的需要，是地方院校本科教育改革的有效途径。

第二，对有机融合存在的问题研究。目前，研究者普遍认为实现二者的有机融合存在以下障碍：① 高校创新创业教育理念滞后，教育观念停留在重视学生创业理论知识的培养，忽略了对学生创新精神和创造能力的培养。② 高校在人才培养方案设置方面，仅将创新创业教育定义为第二课堂或比赛等形式。而专业人才培养方案并未真正将创新创业教育纳入其中，即使有部分高校已经纳入，但涉及创新创业教育的比重少之又少，导致创新创业教育与专业教育互相独立。③ 在创新创业教育实施过程中，教师扮演着重要的角色，然而受传统教育的影响，教师在创新创业教学理念上存在相对落后的观念，教学方法比较单一，缺乏实践性。④ 缺乏权威的教材和统一的教材编审标准。⑤ 高校对创新创业教育管理机构的设置不够明确，无法对资源进行有效整合和利用。⑥ 创新创业教育与专业教育有机融合的评估体系和考核体制不健全、不完善。⑦ 实践平台短缺，指导帮扶不到位。很显然，高校创新创业教育与专业教育的有机融合具有一定的系统性和全面性，需要社会、高校、教师和学生的全方位协调努力。

第三，对有机融合的融合模式研究。目前，研究者普遍认为二者相融合的模式有以下几种：①"专业教育+创新创业教育"复合型人才培养模式。在明确专业人才培养目标的前提下，将学生创新精神和创造能力的培养融入其中，并制定合理的改革方案，保障创新创业类课程的有效实施，促进二者相互补充、相互协同，汇集合力。②"双创型"专业教育。在创造性思想的指导下，挖掘学生的潜能，使其开拓性地学习，培养其在社会中的生存能力、发展能力，以及为推动社会进步而工作的综合素质。③"专业型"创新创业教育。在教学中，既强调培养学生的开拓进取和创新精神，同时也强调基于专业特色凝练、发挥专业优势的创业意识和能力的构建。④"嵌入型"创新创业教育。将创新创业教育嵌入专业教育，具体模式有三种：一是专业嵌入模式；二是跨专业联合模式；三是社会化合作模式。⑤"广谱式"创新创业教育。明确"面向全体学生"的具体教育方式，确定"结合专业教育"的主要途径，找到"融入人才培养全过程"的科学载体。以培养学生的创业观念、创业思维和创业精神，提升学生的创造能力为目标，实现学生的全面发展。

目前，虽然高校已经认识到创新创业教育是自身发展需求的一个组成部分，但是创新创业教育是一个新的教育理念，在实施过程中高校仍然处于"摸着石头过河"的探索阶段，可借鉴的成功模式较少。那么，高校应该以什么形式来实施创新创业教育？创新创业教育是否有必要与专业教育相结合？二者需要什么样的融合模式？这一系列问题，都是当前深化创新创业教育改革所面临的现实问题。孔子说："择其善者而从之，其不善者而改之。"无论哪一种模式都做不到"放之四海而皆准"，都有各自的优势和劣势，因而不能邯郸学步。地方院校必须结合自身发展情况，吸收成功模式中的有益做法，在实践中探索适合自身特点的创新创业教育与专业教育融合模式，为学校转型发展助力。

第四，对二者有机融合的路径研究。目前关于二者有机融合路径的研究有如下 9 个方面：① 教育理念的融合。改变传统单一的专业教育理念，是实现二者有机融合的前提。高校需要树立创新创业教育与专业教育相结合的综合教育理念，转变单一的专业教育理念，在传授专业理论知识的同时，引导学生掌握创新创业知识，增强学生的实践能力，提高教学效果。② 人才培养方案的融合。高校需要改革人才培养方案，将开拓精神、创新思维、实践能力的培养纳入人才培养目标，为创新创业教育建立完善的规章制度。③ 教学内容的融合。高校将创新创业精神的培养贯穿于教育教学全过程，在专业教育基础上融入创新创业教育内容，加强创新创业教育与专业教育的交叉融合，使二者相互渗透，优化教学内容。④ 教学方法的融合。教师的教学方法在教育教学活动中起着重要的作用，要转变传统的"填鸭式"教学方法，注重采用适用于创新创业教育的教学方法，如案例式教学方法，培养学生发现问题和解决问题的能力。⑤ 课程体系的融合。将创新创业类课程融入专业人才培养方案，尤其要加大其与专业实践教学相融合的比重。开设必修课和选修课，实施学分管理，糅合第一课堂和第二课堂，全方位形成二者相结合的课程体系。⑥ 加强师资队伍建设。教师作为创新创业教育与专业教育融合过程中的关键因素，教师教学理念的变革是二者有机融合的切入点。高校应该鼓励教师开展创新创业教育理论研究，加大对教师创新创业教育的培训，培养一支专职、专兼职创新创业师资队伍。⑦ 建立评估体系。高校应该建立一套规范的、合理的、完整的创新创业教育评估体系，及时准确地掌握创新创业教育教学开展情况与实施效果。⑧ 完善保障机制。创新创业教育与专业教育有机融合是一个综合系统协同的过程，需要学校相关部门协调配合，制定相应的管理制度，在人力、物力、财力等方面加以倾斜，推进二者有机融合的有效实施。⑨ 实践平台的融合。高校需要搭建校内、校外产教融合实习实训平台，为创新创业教育的有力开展提供保障，同时也为学生施展创业潜力提供广阔的舞台。二者的有机融合具有全面性、综合性、多层次等特点，因而融合路径也必然呈现出多样性、复杂性、阶段性的特征。

总体而言，要走好创新创业教育与专业教育有机融合的道路，应做到以下几点：一是要构建好课堂教学，通过更新教学理念，完善人才培养方案，扩展教学内容，转变教学方法等创新教学，把课堂教学推向丰富化、新颖化、开放化；二是让学生走出课堂，通过积极开展创新创业基地建设和校企合作等工作，积极为学生搭建实践平台，引导学生把所学到的知识应用于实践，理论联系实践，在实践中检验理论。综上所述，高校要将创新创业教育与专业教育有机融合，必须客观分析自身形势，把握自身特点，在借鉴有益成果的基础上，因地制宜，摸索出一条真正适合自己的融合路径。

6.4.3 创新创业教育与专业教育融合的实践尝试

在深入推进创新创业教育过程中，促进创新创业教育和专业教育的有机融合是地方院校的新使命。创新创业教育和专业教育作为高等教育活动的两个重要组成部分，应该是相互联系、相互影响的。从创新创业教育的发展角度而言，有效地将其融入专业教育，不仅可以使学生产生良好的创业观念，增强创业能力，而且会确保学生掌握更多先进的创业方式，甚至还是地方本科院校转型发展的必然选择。从本质上来说，开展创新创业教育需要依托专业教育，这样既可以丰富专业教育课程的内涵，又可以使创新创业教育真正落到实处。因此，创新创业教育与专业教育的有机融合是一个复杂的、长期的过程。

6.4.3.1　逆向重构育人全过程，培养知识建构能力

人才培养方案是教学环节中的重要环节，是实现人才培养目标的路线图。为了将创新创业教育融入教学的各个环节，江苏科技大学生物技术学院设计出了配套的改革方案。第一，将创新创业教育融入学校的人才培养方案中，将创新创业类课程纳入公共必修课或公共选修课，并充分利用第二课堂平台，全方位推动创新创业教育的开展。在专业教育的基础上，开展创新创业竞赛、创业活动沙龙、创新创业大型讲座等，并将其有效融入专业课程。同时，以"互联网+"大学生创新创业大赛、"挑战杯"、生命科学创新实验大赛、蚕桑生物技术创新实验大赛等系列科技竞赛为契机，展现创新创业活动的独特魅力，点燃广大学生的参与热情，构建良好的学习氛围和创新创业环境。以本科生导师制为依托，为学生配备专业指导教师，为创业学生提供沟通和交流平台，提升学生的实践能力，培养学生的创业意识和能力。定期举办创业沙龙、创新创业讲座、论坛等，激发学生的创业灵感，从而培养学生形成良好的创新创业理念。同时，根据教学活动的安排，邀请知名企业家做大型创业讲座，通过多方途径和有效方式，使学生明白为什么要创业，如何选择创业项目，如何提升学生的创业热情，如何增强学生的专业学习信心。大力宣传推广各地各高校现有的创新创业好做法，充分发挥参赛选手的榜样作用和引领作用。通过创新创业政策和典型案例宣传等方式，努力营造有利于创新创业教育与专业教育有机融合的良好舆论氛围，使

学生耳濡目染，从而对整个教学活动进行良好的指引。

逆向重构人才培养方案。通过开展用人单位满意度调查，分析产业需求，定位面向蚕桑全产业链相关专业应用型的人才培养目标，针对生物技术、生物工程及蚕学专业。结合近五年调研反馈信息，围绕蚕桑、医药、食品、农业等相关领域对人才的知识、能力和素质的需求变化，校企联合论证并动态优化人才培养方案（五年大修，每年微调）。学院按照"加强专业基础，强化实践创新，彰显蚕桑特色，突出协同育人"的指导思想，构建"学生—教师—实验中心—迷你工厂—专业型行业企业"一体化的生物相关专业应用型人才培养新体系。将理论教学、实践教学和创新创业教育有机结合，开设蚕桑生物技术、生物制药等特色选修课程群，如"蚕桑产品加工与利用""生物制药学"等。

6.4.3.2　打造跨学科团队，转化优质教学资源

江苏科技大学生物技术学院王俊教授领衔的蚕桑资源利用课程群教学团队，坚持"产、学、研、用"的发展思路，以畜牧学为学科基础，以蚕桑资源利用为基本面向，致力于理工农交叉、教学科研融合、本硕博贯通，培养能引领蚕桑资源利用领域发展的综合应用型人才，该教学团队成功入选江苏省高校"青蓝工程"优秀教学团队；吴琼英教授领衔的生物工程专业核心课程群教学团队，围绕工程教育认证的 OBE 教学理念对核心课程进行教学内容、方法和手段的教学改革，成功入选 2019 年度校优秀教学团队。院长李木旺领衔优秀教师组建蚕桑智慧教学团队，建设"蚕丝智慧与农桑文化"在线课程，精心打造国家级精品课程培育课程。牟会荣副教授承担的"生命科学导论"、罗姮副教授承担的"分子生物学（双语）"成功入选江苏省在线开放课程立项建设。目前，"分子生物学"已在超星泛雅平台投入使用超过3 年,用户逾 300 余人，浏览达 3000 多次，深受同学们的喜爱。邓祥元教授编著的《生物工厂工艺设计》在化学工业出版社出版，并被列入普通高等教育规划教材。

生物技术学院依托蚕业研究所这一国家级蚕桑科研机构，拥

有农业生物技术领域优秀的特色学科、科研、师资、平台、文化及外在资源。科研反哺教学，组建品牌教学团队，邀请专家开设前沿讲座，将研究成果转化为教学资源，建成一批精品课程、网络课程、微课、教材和案例库等，拓宽学生的学科视野；依托国家蚕桑种质资源保存中心等机构，开设实习实训环节，促使学生理论联系实际；建好就业基地和研究生工作站等校外平台，与鑫缘集团、富安集团、恒顺集团等龙头企业开展校企合作，联动协同育人。

6.4.3.3　能力导向强化学以致用，培养学生的实践创新能力

一是实践创新能力的培养贯穿育人全过程。根据用人单位需求，将应用型人才的实践创新能力细化为综合认知能力、实践动手能力、工程设计能力和科技创新能力。通过两大平台（校企协同的实践教学平台和实习实训教学平台）、三个层次，将四种能力培养融入实验、实习、实训、科研训练、工程设计、毕业论文、本创及竞赛等实践。将本科生创新计划、毕业设计（论文）、科技创新竞赛、导师科研项目相互衔接，在实践中提升创新能力。强调蚕桑、生物学及相关学科知识的综合应用，通过跨学科"团队育人+项目引领+本科生与研究生互动"，提高解决实际问题的能力。

二是科技创新能力的培养需满足个性化要求。依托本科生全程导师制，通过导师制定个性化方案，进行创新实践。鼓励学生自主申报本创和竞赛，以赛促培，同步培养科研能力和综合素质。构建"导师领衔—平台开放—制度建设"的人才培养机制，将科研优势转化为人才培养优势，省部级重点实验室的仪器对本科生开放。完善学生评价机制，能力导向强化学以致用。

三是坚持以"受教育、长才干、做贡献"为目标培养学生暑期社会实践和志愿服务能力。"服务蚕桑，共筑丝路"蚕桑科技支农实践团连续 4 年深入广西蚕区，下农村，进农户，开展科技支农，助力精准脱贫，帮助农民脱贫致富，栽桑养蚕亩产收益从

2000 元提高到 3500 元，获评"江苏省三下乡暑期社会实践优秀项目"，《广西平果县蚕桑调研报告》获评江苏省优秀调研报告，支农活动受到当地政府和群众的一致好评。

6.5 打造蚕联盟团队助力脱贫攻坚

6.5.1 全国脱贫攻坚整体情况

6.5.1.1 全国脱贫攻坚成效

2015 年 2 月 13 日，习近平总书记在延安主持召开陕甘宁革命老区脱贫致富座谈会。他指出，"加快老区发展步伐，做好老区扶贫开发工作，让老区农村贫困人口尽快脱贫致富"。2018 年 2 月 12 日，习近平总书记在四川省成都市主持召开打好精准脱贫攻坚战座谈会，听取脱贫攻坚进展情况汇报，集中研究打好之后 3 年脱贫攻坚战之策。"打赢脱贫攻坚战，中华民族千百年来存在的绝对贫困问题，将在我们这一代人的手里历史性地得到解决。这是我们人生之大幸。"习近平总书记为四川脱贫攻坚工作开出了良方，发展适合当地生态条件的种植养殖业，随着基础条件改善，乡村旅游也可以发展起来；加强对村民的实用技术和职业技能培训，让大家掌握一技之长，能够通过发展生产和外出务工稳定增加收入；最重要的是，教育必须跟上，决不能再让孩子输在起跑线上。2019 年 4 月 16 日，习近平总书记主持召开解决"两不愁三保障"突出问题座谈会并发表重要讲话。全党全社会要坚决打赢脱贫攻坚战，奋发进取，苦干实干，确保贫困群众如期实现脱贫。

2019 年 4 月 25 日，第二届中国优秀扶贫案例报告会在北京举行。2018 年度 60 个脱贫攻坚典型案例入选，包括河南淅川的坚持"短中长"生态可持续脱贫、重庆奉节的"八到户八到人"扶志扶智、河北海兴县的探索保险+救助"3+2"健康扶贫等优秀扶贫案例。随着这些扶贫工作的开展，贫困地区数量和贫困人数逐渐减少，全国掀起一股脱贫攻坚的大浪潮。2021 年 2 月 25 日，在北京召开的全国脱贫攻坚总结表彰大会上，习近平总书记庄严宣告：我国脱贫攻坚取得了全面胜利！

6.5.1.2　全国攻坚扶贫政策

（1）产业发展脱贫

产业发展脱贫包括农林产业扶贫、旅游扶贫、电商扶贫、科技扶贫等方面的 13 项产业扶贫工程或具体措施。一些传统的农作物种植产业，如水稻、茶叶等，虽然在生产技术上已经成熟，但是农业结构单一，一年只种一季水稻，后期的销售受市场影响波动较大，显然靠传统农作物种植难以真正实现脱贫。相反，蚕桑种养具有投入少、收益大、产出即全部售出的特点，农民不必担心农产品卖不出去。蚕联盟极具蚕桑产业特色的蚕桑扶贫模式，基于蚕联盟蚕桑资源、技术的优势和本团队联盟的优势，能够切实帮助贫困户顺利生产并收获可观利润，提高生活质量，最终摆脱贫困。

（2）教育扶贫

从基础教育、职业教育和降低贫困家庭就学负担等方面，提出了一系列行动计划和措施，不断提升贫困人口的综合素质和就业技能，逐步消除因学致贫问题，阻断贫困代代传递。在《高校参与脱贫攻坚倡议书》中倡议动员更多高校和社会力量深度介入教育扶贫工作，努力打造教育扶贫培训平台和互动平台、交流平台、公益平台。倡议各高校开展贫困地区教师培训，提高当地教学水平；开展贫困地区民众技能培训，提升当地民众脱贫致富的技能和本领；开展贫困地区农村基层干部培训，助力提高基层干部能力；开展贫困地区乡村医生培训，助力提高医疗卫生水平等。具体形式有：① 开办"教育扶贫班"；② 剩余劳动力转移培训与就业扶贫；③ 为国家扶贫重点县建立现代远程教学站；④ 实施教育扶贫工程；⑤ 设立教育扶贫基金，为贫困学生提供必要而稳定的经济保障；⑥ 捐献钱物；⑦ 国家和社会机构为学校提供各种资金，为在校学生提供奖、贷、勤、补、减的资助体系。

授人以鱼，不如授人以渔。学院蚕联盟扶贫团队从扶贫先扶智出发，通过对贫困家庭传授专业蚕桑种养知识与技术，使其掌握一定的蚕桑生产技术，提高生产蚕茧质量，从而解决贫困问题，不断地激发贫困群众的内生动力，从"要我脱贫"转变为"我要脱贫"。提高贫困地区贫困群众自身的脱贫意志和生产能力才是脱贫的根本。在"一带一路"倡议及扶贫政策的大好背景下，通过蚕桑文化熏陶、励志影片鼓舞、脱贫成功案例示范等措施，持续性激发"我要脱贫"的意志，达到根本脱贫的任务。

（3）生态保护扶贫

从生态保护修复和生态保护补偿机制两个方面提出了11项重大生态扶贫工程和4项生态保护补偿方式，使贫困群众通过参与生态保护实现脱贫。"绿水青山就是金山银山"是时任浙江省委书记习近平同志于2005年8月在浙江湖州安吉考察时提出的科学论断。习近平同志在十九大报告中指出，"坚持人与自然和谐共生""必须树立和践行绿水青山就是金山银山的理念，坚持节约资源和保护环境的基本国策"。良好的生态环境是最普惠的民生福祉，是人类生存与健康的基础，是展现我国良好形象的发力点。因此，生态保护有着巨大的意义。蚕桑扶贫恰好满足这一点，桑树是平原绿化的主要树种，具有巨大的生态价值，家蚕对环境十分敏感，可作为环境质量指示动物。稳定蚕桑产业基础，进一步发挥其生态作用。桑基鱼塘是一个很好的例子，它具有经济效益高、生态效益好等特点。发展蚕桑产业不仅符合民生需要，而且符合十八大提出的"大力推进生态文明建设，努力建设美丽中国"的要求。

（4）社会扶贫

社会扶贫主要是从东西部扶贫协作、定点帮扶、企业帮扶、社会组织和志愿者帮扶，以及国际交流合作等方面提出了相关措施和要求。蚕桑产业扶贫作为一个社会公益扶贫项目，通过蚕桑扶贫提高当地经济效益，达到扶贫效果，同时可以增加就业机会，对旅游业、食品业、服饰业等都具有一定的推动作用。采取积极的扶持措施，帮助贫困地区和贫困户脱贫致富，加快贫困地区的经济发展，对加强社会安定团结有重要的作用，加快构建和谐社会。

6.5.1.3　"一带一路"倡议和"十三五"规划对脱贫计划的影响

2013 年，习近平总书记提出了"一带一路"倡议。通过"一带一路"倡议共同打造政治互信、经济融合、文化包容的利益共同体、命运共同体和责任共同体。"一带一路"倡议是党的十八大以来影响世界最重要的"中国战略"，是新形势下中国对外开放的重要战略布局，同时有助于国内蚕桑产业的复兴与发展。目前我国经济面临的主要问题有：① 部分产业产能过剩，实体经济待转型。② 出口遭遇疲态，欧美国家贸易保护主义盛行。③ 区域发展不平衡。

"一带一路"倡议的顺利实施，不但会带动沿线国家和地区经济的迅速发展，而且会改善沿线投资环境，使整个"一带一路"这个大的区域成为越来越紧密的有机体，资本等各种生产要素在区域内自由流动。蚕桑之道是创新创业之道，领先世界的原创性产品和产业是"一带一路"倡议实现的根基；蚕桑之道是务本务实之道，立足国情、强本固源、谋事要实、共同发展是"一带一路"倡议实现的必要条件；让蚕丝之光普照丝绸之路，让蚕桑丝绸文化在"一带一路"倡议实施中大放光芒。

蚕桑在 2016 年 12 月首次被写入指导"三农"工作的第14 份中央一号文件《中共中央、国务院关于深入推进农业供给侧结构性改革加快培育农业农村发展新动能的若干意见》。在全国推进农业供给侧结构性改革的大背景下，中央一号文件的发布，旗帜鲜明地为我们指出了今后的发展方向。通过优化产业结构，提质增效，做大做强传统蚕桑产业，推进"互联网+现代农业"。大力发展蚕桑资源综合高效利用、蚕桑健康休闲旅游，大力发展乡村休闲旅游产业，充分发挥乡村各类物质与非物质资源富集的独特优势，利用"旅游+""生态+"等模式推进农业、林业与旅游、教育、文化、康养等产业的深度融合。

2016—2020 年，即"十三五"时期，我国的经济发展进入新
常态，也是"一带一路"倡议推进、生态建设和绿色革命、解决
"三农"问题与精准扶贫的机遇期。发展蚕桑产业并进行精准扶
贫，逐步形成产业扶贫、生产基地、茧丝绸加工一体化，完全符
合"十三五"扶贫发展规划。

6.5.2　我国蚕桑产业现状

我国蚕桑产业在全国的普及率高达 78%，主要由超级蚕区、
重点蚕区、主要蚕区及零星蚕区组成。中国的蚕茧和蚕丝产量居
世界首位。据国家茧丝绸协调办公室统计，全国桑园面积共计
78.87 万 hm^2（1183 万亩），蚕茧年产值约为 300 亿元，茧丝绸年
总产值为 2000 多亿元。由于农村条件落后，蚕桑生产环境及条
件有限，因此通常采用粗放式的方法饲养蚕。同时，生产资料老
旧、养蚕技术相对落后、环境卫生不达标、无控温及降温设备、
桑园管理水平相对较低等，导致蚕茧产量及质量都不高。低质量
的生丝不仅售价低，而且缫丝难度大、效率低。相比之下，茧丝
企业更愿意选择高质量的蚕茧，在相同的时间里产生更大的经济
利益。蚕茧品质不满足市场需求，导致蚕桑产业萎靡，难以进一
步带动经济增长，蚕农收益低下，难以实现脱贫。

目前，蚕桑市场上的品种良莠不齐、蚕药混乱等问题日益突
出。制定行业标准是我国蚕桑产业走向国际市场的"通行证"，是
市场竞争的制高点，因此，加快蚕桑产业标准化建设，是蚕桑扶贫
的重要保障。以适当的蚕桑标准对蚕桑产品进行质量把关，可以确
保农户的收益，达到脱贫致富的根本目的。在人才短缺和标准数量
偏少的情况下，江苏科技大学生物技术学院蚕联盟扶贫团队依托中
国农业科学院蚕业研究所持续对家蚕桑树进行研发创新。中国农业
科学院蚕业研究所拥有独特的抗病家蚕，如"野三元（抗）""苏
超 2 号""华康 3 号"等，它们具有稳健、好养、高产的特点；同
时拥有家蚕桑树的抗病疗药专利，如亚迪净、亚迪康等药品均为国
家级新产品，对家蚕病毒病、真菌病、细菌病、原虫病的病原体有
杀灭作用，并且毒性时效性短，对家蚕桑树无实质性伤害。中国农

业科学院蚕业研究所具有坚实的技术力量和优良的生产、检验设备，拥有生产蚕用消毒剂、抗生素和蚕生长调节剂三大系列蚕药。亚迪牌蚕药是国家攻关科研成果，具有品种新、质量优、适应面广等优点，产品先后获得"国家级新产品"称号 2 项、"国家重点新产品称号" 1 项、"中国发明专利" 3 项、教育部科技进步二等奖 1 项、中国农业科学院科技进步一等奖 1 项、江苏省科技进步三等奖 1 项、"发明创新科技之星奖" 1 项、国家新兽药 4 个。这些荣誉使得农户养得放心，用得安心。

6.5.3　蚕桑产业与精准扶贫有机融合

新石器时期，中国便开始养蚕、取丝、织绸。蚕桑生产具有占地少、对劳动力要求不高、易规模化、一年可进行多次生产等优点，是适合贫困农民甚至是老人妇女摆脱贫困的有效方式之一，在养蚕栽桑的同时还可以兼顾其他工作，多方面创收致富。

桑树对土壤的适应性强，生长周期短。中国自东北至西南各省区、西北直至新疆均能栽培。桑树喜温暖湿润气候，稍耐阴、耐瘠薄，因此，蚕桑扶贫适应全国不同贫困地区，好养好种，易上手，生产效率高，具有很高的可行性。

精准扶贫要求实事求是、因地制宜、分类指导。在脱贫攻坚产业道路上，将蚕桑产业和精准扶贫有机融合发展，让贫困户成为蚕桑产业发展的参与者和受益者。通过依托产业特色、联盟优势、打造蚕桑产业示范基地等方式带动扶贫。随着科学技术的进步，围绕蚕桑生产出一系列副产品，如桑果酒、桑叶茶、特色干炸蚕蛹、蚕丝服装等。借助自媒体等各类网络媒介，能更好地对蚕桑副产品进行宣传与销售。蚕桑的经济效益来源广，具有极其广阔的市场空间，同时拥有政策的支持，因此，蚕桑扶贫具有良好的脱贫前景。

6.5.4　蚕联盟蚕桑扶贫模式

依靠中国农业科学院蚕研所国家级平台、特产家蚕新品种推广联盟和江苏省蚕种协同创新推广联盟，江苏科技大学生物技术学院与企业合作共建蚕桑产业扶贫示范基地，为贫困户提供生产资料和技术指导，为当地人民提供更多的就业岗位和收入来源。待蚕业发展稳定后，带动纺织业、旅游业等多产业联动，建立人才储备机制，为大学生就业提供良好的环境。

一是在贫困地区与当地企业共建一个蚕桑示范基地。通过与中国农业科学院蚕业研究所战略合作，引进抗病品种华康系列等蚕种，形成规范种蚕基地，引领农户加入基地。同时，蚕研所科技人员对农民进行技术指导，规定标准的养蚕方式，确保高质量蚕茧及生丝，协助农户与公司结对共建，帮扶农民种桑养蚕，脱贫致富。

二是推荐或提供优质蚕桑品种，如饲用桑种质—丰驰桑、果用桑种质—中葚 1 号、抗微量农药品种"野三元"、适宜秋季饲养的蚕种"丝雨 2 号"、抗脓病品种"华康 3 号"、抗病毒微生物污染的蚕种"苏超 2 号"。

三是开展种桑养蚕技术帮扶，帮助当地的贫困户学习摘桑养蚕技术，为当地的贫困户提供一条龙服务，主动做好蚕业生产产前、产中、产后的服务工作，及时为贫困户提供蚕具和蚕药等产品及生产资料的需求，同时做好市场预测、销售信息、保险保障等服务，帮助贫困户规避自然风险和市场风险。

四是让当地公司与农户签订"结对"协议，保护双方的利益。公司根据蚕茧的质量和蚕茧的市场价格波动制定相应的价格，并及时收购农民的蚕茧，保障农民收益。农民保证蚕茧质量，只按合同销售给合约公司，而不卖给其他同行竞争公司，保证公司的利益。

6.5.5 蚕桑扶贫初见成效

蚕联盟项目团队在贫困地区建立蚕桑产业示范基地，帮扶农民种桑养蚕、脱贫致富，从江苏海安桑蚕技术培训到云南大姚缫丝厂技术帮扶，从山西河曲 300 亩蓖麻种植计划到江苏泗洪万亩桑田示范基地建设，再到贵州绥阳大溪村脱贫计划，通过"一步一个脚印"的方式将项目从理论走到了现实。现以江苏泗洪蚕桑扶持项目为例做简要的成果介绍。

　　泗洪县是江苏省宿迁市下辖县，地处江苏西北、淮河下游，东临洪泽湖，西接安徽，位于长三角经济区和江苏沿海经济带交叉辐射区域，行政区划面积 2731 平方公里，人口 110 万，是中国著名的名酒之乡、螃蟹之乡、生态旅游之乡，全国"绿水青山就是金山银山"实践创新基地。但泗洪也曾是江苏 16 个省级贫困县之一，甚至在 16 个贫困县中，泗洪的经济发展也排在倒数。

　　团队前往泗洪进行实地考察时发现，泗洪存在急需脱贫，又需维持生态且脱贫资金过少的贫困窘境，可以通过桑蚕养殖回本周期短、成本低、绿色生态化的特点来破解。同时，考察发现蚕桑业是泗洪县农村的一项传统副业，曾为泗洪地方经济、工业发展、现代农业和致富农民做出了较大贡献。但近年来，全国科技与建设行业发展迅速，与工业生产相比而言，从事农业生产的利润逐步下降，并且泗洪当地蚕桑业存在蚕种良莠不齐、桑蚕种养技术十分原始、蚕桑种养户都属于小户生产，抵御风险能力较差。这几个因素导致泗洪农民大多仅维持收支平衡，稍有外部环境干扰便成为贫困人口。泗洪陷入了贫困户数量逐年增长、青壮年劳动力逐渐流失的恶性循环。

　　团队首先得到了当地政府的大力支持，与桑果企业和桑蚕企业签订了互利互惠的销售合同，为企业提供急需的供应渠道的同时也保证了自己销售渠道的稳定。再通过实地考察，根据泗洪的地理条件与气候环境，选取了"野三元""华康 1 号"等优质蚕种，丰驰桑、白珍珠、嘉陵 30 等优质桑种，同时发展果桑与桑蚕行业。而后在政府的扶持与企业的帮助下，团队在当地建造示范基地，共达万亩桑园。种下第一批桑树后，团队在政府的鼓励下，对当地桑蚕养殖户进行种养技术的培训，同时低于市场价将最新的蚕药、肥料提供给农户，最后通过牵线的方式帮助农户同相关桑蚕、桑果公司签订利于农户的保利合同，有效地规避了市场销售方面的风险。

　　为突出扶贫优势，团队选取泗洪县的车门乡作为主要示范点。项目在启动之初，即 2018 年，将发展重点落在农户的技术扶持和种养桑蚕成果上，并在同年达到优产、高产。2019 年，项目将眼光放在生态产业链上，在果桑与桑蚕种养的基础上畜养鸡鸭家禽并建立鱼塘养殖业，积极向珠江三角洲盛行的基塘生态生产靠拢，在保护生态环境的前提下，进一步提高当地农户收入。经过扶持，车门乡在 2018 年的春蚕收入已经能达到年最低扶贫标准，同年年收入远超国际年收入脱贫线。2019 年，随着生态养殖链计划的启动，农户收入大幅增长，收入情况如图 6-1 所示。

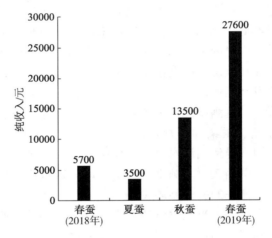

图 6-1　车门乡经扶持后收入表（以一户农户为例）

参考文献

　［1］杨雅厦. 大学生创业教育及其未来发展［J］. 福建江夏学院学报，2013，3（4）：94-98.

　［2］董旖旎，徐阳. 高校创业教育生态发展体系的构建［J］. 中国大学生就业，2013，（2）：42-46.

　［3］曹雪. 大学生创新创业学分实施途径与效果探析——以渤海大学为例［J］. 太原城市职业技术学院学报，2019，（5）：158-159.

　［4］宫丽华. 应用型高校大学生创新创业教育质量评价探讨

[J]. 科学大众（科学教育），2018，(7)：131-151.

　　[5] 刘朝霞，宁佳英. 独立学院学生创新创业能力培养机制研究 [J]. 经济研究导刊，2018，(15)：185-187.

　　[6] 秦翀. 高校开展创新创业教育的意义及方法初探 [J]. 劳动保障世界（理论版），2013，(12)：49.

　　[7] 国发〔2015〕32 号. 国务院关于大力推进大众创业万众创新若干政策措施的意见 [Z].

　　[8] 杨希，张晓楠. 国务院：全面部署深化高校创新创业教育改革工作 [J]. 陕西教育（高教版），2015，(7)：34.

　　[9] 闫广秀. 河南省网球俱乐部教练员创新思维培养研究 [D]. 开封：河南大学，2016.

　　[10] 常乐，边银鑫. 浅谈合唱指挥综合能力的培养 [J]. 黄河之声，2018，(15)：32.

　　[11] 吕游. 基于高职院校创新创业课程教学传播新模式 [J]. 中外企业家，2017，(15)：170-171.

　　[12] 邹侠.《辽宁师范大学学报》（社会科学版）2000 年—2004 年载文统计分析 [J]. 辽宁师范大学学报，2005，(2)：126-128.

　　[13] 牟宏. 浅谈研究生创新教育及创新能力的培养 [J]. 中国冶金教育，2004，(1)：15-16.

　　[14] 张侠，叶锋. 高职模具设计与制造专业创新创业教育课程体系建设 [J]. 科技经济导刊，2016，(36)：174.

　　[15] 亢舒，顾阳. 扶贫攻坚还要啃哪些硬骨头 [J]. 吉林农业，2017，(4)：110-111.

　　[16] 田新月. 用爱撑起民族的未来 [J]. 现代企业文化（上旬），2018，(7)：87-89.

　　[17] 王济干. 蚕桑之道与"一带一路"战略 [J]. 中国蚕业，2016，37 (1)：1-3.

　　[18] 产业融合绝不能把农民丢到一边 [J]. 吉林农业，2017，(4)：11.

第7章 硕果累累的人才培养成效

7.1 复合型创新人才的培养举措

7.1.1 隆重的拜师仪式

江苏科技大学生物技术学院进一步创新本科生导师聘任方式，新生入学时举行隆重的拜师仪式，通过敬茶、献花等方式拉近师生距离，增强师生身份的认同感、责任感和使命感；拓宽导师渠道，"进名企拜名师"，将专业教育"搬进"企业，拜企业高管、专家为师，学习专业技术（见图7-1至图7-4）。

图 7-1 举行新生拜师仪式

图 7-2　进名企拜名师

图 7-3　学生向导师敬茶

图 7-4　学习专业技术

7.1.2　三阶段式导学

引导学生热爱专业，做实新生转型，重点开展环境适应性教育、学习方式方法转变教育和专业认知教育。

第一阶段，专业认知教育做到家。开展新生家访活动，将专业教育做到"家"（见图7-5）。

图7-5　暑期新生家访活动合影

第二阶段，进名企拜名师。组织大一新生走进金斯瑞公司、鑫缘集团等企业，开展"进名企·共发展"主题活动，将专业教育从课堂"搬到"名企，拜高管、专家等为名师，学习专业技术（见图7-6）。

图 7-6　"进名企·共发展"专业教育主题实践活动

第三阶段，开展"知校爱校""院长第一课""专业负责人解读培养方案""优秀校友面对面""学长学姐经验交流"等活动，使新生平稳、顺利转型，并对学习困难同学积极开展结对帮扶。专业学习与科研方面依托本科生全程导师制，坚持将学科、科研、平台、师资、文化等资源服务于大学生创新创业，切实推进第二课堂成绩单制度落实，将本科生创新计划、导师科研项目、科技创新竞赛相衔接，构建"导师领衔—平台开放—制度建设"培养机制；在就业方面，形成"学院把控—学生互助—企业联动"机制，建立就业"1+2+3+4+N"新模式，自上而下全员、全过程、全天候助推毕业生就业工作。

7.1.3　"四位一体"考研激励模式

江苏科技大学生物技术学院联合教工党支部为考研学子提供全方位、多层次的辅导，从相关考研科目的复习、动员、慰问、答疑、送考，到复试、调剂，再到经验交流。在此过程中，许多本科生导师提供复试指导和调剂信息，为学院考研率的稳步提升保驾护航（见图7-7至图7-10）。

图 7-7　考研动员大会

图 7-8　线下答疑

图 7-9　慰问解压

图 7-10 复试调剂指导

7.1.4 "五个一"提高综合素质

学院导师制注重学生综合素质的提高，积极开展"六进（进课堂、进班级、进宿舍、进食堂、进社团、进网络）三联（联系家长、联系校友、联系同行）一交友（交朋友）"主题教育，坚持把学科、科研、平台、师资、文化等资源服务于大学生学科竞赛和创新创业教育，坚持以"受教育、长才干、做贡献"为目标培养学生的社会实践能力、志愿服务能力等综合素质（见图 7-11）。

图 7-11 "互联网+"作品竞赛

7.2 复合型创新人才的培养成效

7.2.1 创新能力方面的培养成效

学院成立以院长为主任的大学生课外科技活动专家委员会，出台《江苏科技大学生物技术学院大学生科技创新管理办法》，构建"导师领衔—平台开放—制度建设"培养机制，将本科生创新计划、导师科研项目、科技创新竞赛相衔接，创新创业教育成果丰硕。近年来，本科生承担创新计划 100 余项（省级以上 30 余项），参与教师科研项目 40 余项，发表论文 100 余篇（其中 SCI 收录 30 余篇）。2019 年首次获得"互联网+"全国大学生创业大赛国际赛道铜奖，连续三年获得全国大学生生命科学创新创业大赛优秀组织奖，连续两年获得全国大学生蚕桑生物技术创新大赛优秀组织奖，连续五年入选教育部组织的全国大学生创新创业年会。学院创设的全国大学生蚕桑生物技术创新大赛在西南大学成功举办了第二届，已经成为蚕桑及生物相关专业大学生科技创新品牌活动，新华社、人民网、凤凰网等媒体纷纷报道，社会同行高度认可。部分成果如图 7-12 至图 7-15 所示。

图 7-12 第十六届"挑战杯"大学生课外科技作品竞赛全国三等奖

图 7-13 葛世伦书记参观学生科创作品

图 7-14 第四届全国大学生生命科学创新创业大赛

图 7-15 "东方紫"杯第二届全国大学生蚕桑大赛生物技术创新大赛

7.2.2 社会实践能力方面的培养成效

发挥对社会实践的组织引领作用，促使学生在实践中受教育、长才干、做贡献。2019 年暑期社会实践获得中国青年网、人民网、新华网等国家级报道 12 次。"服务蚕桑，共筑丝路"蚕桑科技支农实践团连续四年深入广西蚕区，下农村，进农户，开展科技支农，助力精准脱贫，帮助农民脱贫致富，栽桑养蚕亩产收益从 2000 元提高到 3500 元。该活动获得"江苏省三下乡暑期社会实践优秀项目"，《广西平果县蚕桑调研报告》获得江苏省暑期社会实践优秀调研报告。部分成效如图 7-16 至图 7-19 所示。

图 7-16　钱平老师给农户及实践团成员讲解小蚕知识

图 7-17　广西蚕业干部在江苏科技大学培训

图 7-18　关爱残障儿童实践活动

图 7-19　红色筑梦实践活动

7.2.3　就业创业能力方面的培养成效

学院紧紧围绕创新创业教育人才培养这一核心工作，强化学生的全方位、立体式、全覆盖的创新创业教育人才培养工作，并主动探索以高质量的一类创新创业竞赛为龙头、以强化创新创业教育实践环节为抓手、以大学生创新创业训练计划为支撑的创新创业人才培养模式。在导师制平台下，学院创新创业成果进一步凸显。学院坚持把学科、科研、平台、师资、文化等资源服务于大学生创新创业。学生参与竞赛获全国"挑战杯"大学生课外学术科技作品竞赛一等奖等国家级奖项 6 项、省级奖项 6 项，学院连续获得两届"挑战杯"竞赛三等奖；2019 届和 2020 届毕业生考研录取率分别达 42.6% 和 39.8%，获江苏省优秀本科毕业论文一等奖 2 篇、二等奖 5 篇、三等奖 1 篇及优秀团队 2 个。部分成效如图 7-20 和图 7-21 所示。

图 7-20　创业项目桦褐孔菌落地孵化

图 7-21　第四届全国大学生生命科学创业大赛特等奖

7.2.4　志愿服务工作方面的培养成效

开展阳光助残、敬老"暖阳行动"、关爱农村留守儿童、医务志愿服务等活动，与镇江市消防救援支队润州区大队联合成立"蓝盾消防志愿者宣传站"，开展消防志愿宣传。2018—2020 年累计开展志愿服务活动 80 余次，累计参与数达 1000 余人次，累计志愿服务时长超过 8000 小时。大型志愿服务项目"光阴的故事"——百名大学生对话百位老人成果新书正式发布，学院荣获 2019 年校志愿服务先进集体。部分成效如图 7-22 至图 7-26 所示。

图 7-22　《光阴的故事》新书发布

图 7-23　司徒镇银海窑厂幼儿园关爱留守儿童

图 7-24　社区消防志愿宣传

图 7-25　与老区儿童共绘美丽世界

图 7-26　带领小朋友开启科学之旅

7.3 第三方社会评价及推广示范

7.3.1 家长评价

为了更好地让家长了解本科生导师制,获取家长对导师制的评价,学院导师家访团利用寒暑假走访调研 40 余个家庭。导师们向家长详细介绍了所带学生在大学中的生活、学习及相关专业的就业前景等情况,对相关专业的历史也进行了更加详细的讲解。导师们专业的指导加强了学生和家长对相关专业的肯定。

7.3.1.1 专业个性化培养

通过家访团引导家校沟通交流,学院本科生导师向家长和学生全面介绍自己的研究领域与科研方向,得到家长的认可。师者,传道授业解惑也。导师不仅在学业上为学生提供指导,同时在为人处事、沟通交流、生活态度等方面也发挥着立德树人的作用。通过部分家长的反馈,相比于高中时期的封闭教育,学院实施本科生全程导师制,实现了个性化教育,学生找到了与导师研究相关的共同兴趣点,通过兴趣激发了探索精神。

7.3.1.2 提升综合实践能力

有家长反馈,导师与学生经常见面交流,不仅在学业方面能给学生提供帮助,而且在思想动态方面也能帮助学生健全心理素质,树立正确的人生观和价值观,形成健康向上的职业观念。学生告诉家长,导师的关心让他们更有归属感。学院本科生导师制不但弥补了日常教学的不足,而且提高了学生的语言表达能力、沟通能力和组织管理能力,全面提升了学生的综合素质。

7.3.1.3 指导就业生涯规划

大多数学生入学后,对自己未来的人生目标和所要学习的具体知识不是很清楚,学生的迷茫增加了家长的担忧,大学里学什么,怎么学,出路在哪里,这些问题常常困惑家长。而本科生导师制恰恰解除了家长的担忧,导师制的直接引导与帮助,能够让学生更快地了解自己的专业背景，激发学习兴趣和热情，并通过布置的项目和产品引导学生学习专业知识，提高自我学习能力和实践能力。

7.3.2　校友评价

产品好不好，使用者最清楚。针对本科生导师制的效果，学院对近15年毕业的校友发放了线上调查问卷，共收回342份问卷，剔除漏填及不符合实际的问卷，有效问卷330份，样本有效率为96%。调查样本的基本特征如表7-1所示，被调查的人员男女比例相近，学历以本科毕业生居多，其次为硕士研究生；在工作年限方面，近5年毕业的校友占据调查群体的主体地位。

表7-1　毕业生调查基本特征表

项目	类别	比例
性别	男	54.55%
	女	45.45%
学历	本科	72.73%
	硕士	24.24%
	博士	3.03%
工作年限	5年	72%
	5~10年	19%
	10年以上	9%

学院对毕业生现工作单位的工作岗位、工资待遇、工作条件、能力发挥、人际关系、发展前景及总体情况的满意度进行调查。调查对象的所属企业类型均与在校就读专业相匹配，结果如图7-27所示。超过70%的毕业生对现阶段的工作处于满意或很满意的状态，专业归属感较高。在能力发挥统计中，近97%的毕业生能够将在校所学专业知识在工作中得以发挥，并认为相关专业发展前景较好，愿意在该领域继续发展。

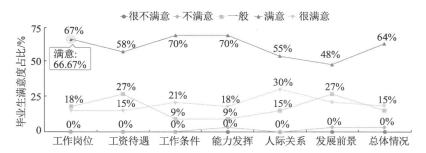

图 7-27　毕业生对现工作单位各项满意度占比图

此外，毕业生对母校师资力量、使用教程、课程设置、职业前准备教育及人文素质教育进行反馈。根据调查显示，94%的毕业生认为学院师资力量雄厚，其中 36%的毕业生很满意学院教师的教育，其中本科生导师制占据了重要地位，调查结果显示，本科生导师作为学生的老师，无时无刻不在积极影响学生，关心学生（见图 7-28）。

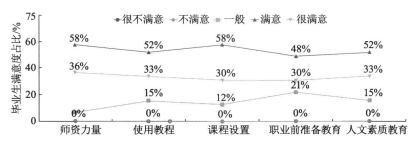

图 7-28　毕业生对母校各项满意度占比图

对导师的责任心、专业水平、道德品格和文化素养进行考量，结果如表 7-2 所示。毕业生对于本科生导师制的评价也都比较满意，就目前而言，尚无学生反映或举报导师不负责任、品格败坏的现象。在专业水平、文化素养方面，对于提出申请的导师，学院严格并优先挑选优秀教师，以帮助学生更好地进行科研试验，帮助学生建立爱学、乐学的学习氛围。

表 7-2　毕业生对导师各项满意度评价表

项目	满意	一般	不满意
责任心	82%	12%	6%
专业水平	90%	10%	0
道德品格	91%	9%	0
文化素养	86%	11%	3%

同时，毕业生也对本科生导师制提出了一些建议。目前学院的本科生导师制在大一进行师生双选，为期 4 年。这对于懵懂的大一新生存在一些不合理，由于大一新生刚进学院，即使在有导师简介的情况下，学生也基本是盲目选择，一旦学生对导师的研究方向不感兴趣，这种"供需错位"就会导致学生产生消极抵抗情绪，因此，毕业生建议在高年级增加导师微调或双导师制。目前，根据毕业生的建议，学院已在逐步改善本科生导师制"一选定终身"的缺点，更好地完善了本科生导师制，为学生提供了更好的大学生活。不仅如此，在接受毕业生建议的同时，学院也在不断修正，根据历年实践的探索和经验，学院本科生导师制正在越来越完善。

7.3.3　用人单位评价

为了进一步了解用人单位对学院本科生导师制的评价和认可程度，学院多次深入校企合作单位开展就业回访工作。2019 年 8 月 1 日，学院成立校企合作走访工作组。工作组走访了位于镇江大学科技园的南京金斯瑞生物科技有限公司、镇江爱必梦生物科技有限公司、无锡药明生物有限公司（见图 7-29）、上海药明康德集团、连云港恒瑞医药有限公司、海安鑫缘茧丝绸有限公司等多家企业。回访过程中，工作组通过参观、座谈、问卷等形式，重点了解毕业生对工作岗位的适应情况、能力运用情况、就业满意度、校友及企业对学院专业的设置、职业教育，以及就业服务和工作的意见和建议，以不断提升学院办学和就业服务质量。在与企业人力资源部负责人访谈的过程中，南京金斯瑞生物科技有限公司的人事经理卢占伟认为，学院本科生导师制的实施提高了毕业生的科研能力和专业素养，在保障毕业生质量、增进校企合作交流等方面起到了积极的推动作用。

图 7-29　校企合作走访工作组走访无锡药明生物有限公司

此外，学院与鑫缘茧丝绸有限公司开展联合培养，聘请企业导师联合培养学生，为有定向就业意向的学生量身打造培养方案，提升本科生的就业能力，增进校企合作协同培养，有效解决了就业难、就业慢、就业缓的难题。海安鑫缘茧丝绸有限公司联合培养导师孙道权认为，通过本科生全程导师制联合培养的学生就业能力有保障、专业素养强，为公司输送了一批又一批专业人才。

7.4　面向未来的人才培养模式改革计划

7.4.1　创新型应用人才的内涵特征

人才的培养模式主要有两类：应用型人才培养模式和学术型人才培养模式。应用型人才是能把成熟的技术和理论应用到实际生产、生活中并能解决实际问题的复合型人才，其工作重点不是探求事物的本质和规律，而是利用学术型人才发现的客观规律、科学原理或科学方法服务于社会实践，应用科学理论方法为社会谋取直接利益或社会效益。

创新型应用人才的培养注重动手实践和解决实际问题的能

力，与学术型人才侧重研究、发现客观规律、探寻未知领域的培养有明显的区别。创新型应用人才的核心是"用"，实质是"学以致用"，"用"的基础是掌握知识与能力，"用"的对象是社会实践，"用"的目的是满足社会需求、推动社会进步。因此，创新型应用人才的培养目标定位应该是使学生能够称职、称心地适应工作，满足实际岗位的需求，以实现自身价值。创新应用型本科教育既不同于高职教育，也不同于学术型本科教育，而是介于本科与高职之间，要求在掌握基本知识、基本理论和通识教育的基础上，加强基本技术和专业技能的训练，强调实践能力与综合应用能力的培养，实现理论与实践相结合。因此，创新型应用人才有如下内涵特征：

（1）突出技术"应用"特色。能够通过其自身的技术水平、思想方法对预设的实践目标加以设计、制作，实现工程实际应用。

（2）体现知识"必需够用"。有一定广度和深度的知识结构，具有较强的分析问题和解决问题的能力。

（3）擅长实践，对行业岗位适应性好。在操作能力、学习能力、组织管理能力、沟通交流与表达能力和创新能力等方面，能以成熟的技术为基础，运用基本知识、理论方法进行技术创新，实现技术性的二次开发。同时具备系统集成设计能力，能把复杂的系统解剖分解为一个个模块，还能按照实际要求，通过调研把多部件、多模块进行系统集成组合，形成集成创新。

（4）综合素质好。具备很好的专业素质和非专业素养，具有责任心强、心理素质好、意志品质高和优质的协作精神等特点。

7.4.2 创新型应用人才培养模式的构建核心

任何人才培养模式都不是孤立存在的，需要在一定的环境和条件下才能运行起来。要实施创新应用型本科人才培养模式，应该具备以下育人环境和条件：

7.4.2.1 构建工程教学实践平台和实践教学体系

为适应创新应用型本科人才培养的要求，应大力建设工程教学实践平台，使学生在这个平台上训练自身的能力，挖掘自己的潜力。

7.4.2.2　转变教育教学观念

现在，无论是研究型高校，还是普通本科高校，都有重理论轻应用、重书本轻实践、热衷于研究生教育轻视本科生教育的办学倾向。造成这一现象的重要原因是监管部门对高等学校评估指标体系单一，办学分类指导不够，导致高校教学讲的都是"高大上"的理论知识，与现实社会需要"接地气"的岗位实践能力严重脱节。因此，只有切实转变"重学轻术"的教育思想，按照应用型人才培养质量评估体系来评价学校的教学质量，才能从根本上改变学校的教育教学观念，改变"中看不中用"的教学内容。

7.4.2.3　"双师型"教师队伍建设

要培养社会所需要的工程技术创新型人才，必须建设一支理论水平好、实践能力高的"双师型"教师队伍，这样才能保证应用型实践教学体系顺利实施。为此，应用型本科院校应从招聘人才、培养人才、激励人才、实践考核到校企合作等几方面完善用人机制。

（1）招聘人才。在招聘新教师时，要考虑应聘者的实际工作经历或行业经历，并把这种经历与学历、职称并重，招聘有"用"之人。

（2）培养人才。鼓励青年教师在职攻读学位，提高教师的实践能力和专业素质，培养能"用"之人。

（3）激励人才。建立符合应用型本科人才培养的人才激励机制，在教师聘用、职称评定、业绩考核等方面应给予必要的政策倾斜，引导教师自觉培养实践与技术应用能力，激励肯实战之人。

（4）实践考核。以实验课、实验项目为手段，引导教师多进实验室开发实验；以课程设计、毕业设计课题为驱动，要求教师对至少设计一个选题进行演示，并通过"课程教学、工程实训、项目试讲、工程答疑"四个环节的考核，提高教师的工程实践经验和水平，培养好"用"之人。

（5）校企合作。开展校企合作交流，派送教师到企业培训、挂职锻炼、参与企业的项目开发，以提高教师工程应用设计水平。同时，聘请企业工程师进学校、进课堂，参与学校的专业教育，使学校教学与市场接轨。通过校企合作、工学结合达到学校与企业联动、互派技术人员的"双向流通"，改善师资结构，建设高水平的"双师型"教师队伍。

7.4.2.4　课外科技创新

为了提高教学效果，强化实践能力培养，弥补课内教学的不足，利用课外科技活动、技术培训、技能竞赛引导大多数学生放下手机，走进实验室；让学生设计、制作丰富的实践作品以充实课余时间，形成课外科技活动、技术训练、技能竞赛四年不断线的培养模式。

7.4.2.5　建设校企产学研合作教育基地

应用型本科人才的培养需要加强与社会企业的合作，建立产学研合作教育基地，实现理论与实践相结合，达到学以致用的目的。学校以学为主，学知识、学技术，学生想要练技能、练手艺，却苦于学校没有真实的项目与实战环境。只有依靠公司、密切联系企业，通过项目开发和毕业设计等形式选派学生参与企业的项目设计，将学校学到的理论知识与用人单位的实践能力培养紧密地结合起来，实现产学研合作教育，培养"下得去、留得住、用得好"的人才。同时，可通过友好协商与相关企业建立合作共赢机制，在专业建设、课程设置、教学内容、实验室建设等方面深入征求用人单位的意见，积极开展应用技术型项目合作，为应用型本科人才培养服务。

7.4.3　创新型应用人才培养模式的实施途径

在具备应用型本科育人环境和条件后，还应本着"成就学生、面向应用、服务社会"的宗旨，采取校内校外结合、课内课外相长，促进应用型人才培养教学质量。

（1）引企业进校园，构建应用型人才培养方案，实现工学一体、校企合作，探索现代学徒制传授，服务经济社会需要，提高教学实习效果。

（2）引入问题式、项目化教学，实行课程实验考试和实验作品演示考核制度，改变课内教学中"重理论轻实践"的现象；转化教师的"教书匠"功能，制定"双师型"教师标准和考核办法，引入企业工程师进行项目和企业岗位工作教学，强化实践动手能力。

（3）改变教学考核方式，原来只注重课堂考核，现在转变为课堂、实验双重考核，考核教师的课程设计、毕业设计的实践设计、作品设计的演示能力，促进"双师型"教师队伍建设。

（4）改变以往参观式生产实习，建立校企合作产学研基地，真正实施"3+1"教学模式。做到课内、课外技能竞赛结合，校内、校外实验与实战互动，把生产实习做"实"，把课程设计做"优"，把毕业设计做成"作品"，实现台阶式、立体化教学，达到学生动手实践能力和应用能力的提高，并提高学生初次就业率，缩短学生就业适应期。

（5）研究课外科技创新、技能竞赛的方式，以及促进学生学业进步的途径和方法，大力开展课外科技创新和技能竞赛活动。研究改革奖学金评定办法，将学生的实践能力、课外科技创新、技能竞赛成果纳入评奖评优范围。改变过去评奖学金只看学生成绩的做法，采用成绩与学科竞赛并重的考评机制，激励学生实践创新的积极性和主动性。

7.4.4　创新型应用人才培养模式的评价考核

建立人才培养质量评价体系是保障人才培养目标实现、提升学生就业质量的关键，是促进学生明确学习方向、提升学习效率的坐标，其实质在于增强学生理论联系实际、解决实践问题的能力。为此，必须建立一套与之相适应的实践教学管理制度和实践教学考核方式。

（1）实行学分制管理，完善学分计算办法。现在许多高校名义上实行学分制，实则实行四年一贯制，从来没有提前毕业的，反倒有极少数学生四年后不能毕业。这样的学分制不利于调动学生自主学习的积极性。如果能真正实行学分制，四年学分可以在3~6年修完，并规定毕业前要完成一个作品或产品设计，那么一定能激发学生在实际应用中投入时间和精力，起到事半功倍的效果。

（2）建立实验考核管理制度，实行理论与实验并重考核，改变以往"重理论考试轻实验考核"的现象，采用现场实验操作、技术设计制作、技能竞赛等多种形式考核。

（3）重视教学过程、技能比武和课外科技项目设计制作评比竞赛考核，改变过去一考定成绩的评定方式，采用"理论考试+实操""科技制作+答辩""项目设计+竞赛"等形式考核学生的综合应用能力。

（4）完善对课程设计、生产实习、毕业设计等实践教学环节的指导和考核方式，以实物制作、作品演示、项目答辩等方式模拟实战性演练，便于把碎片化的知识加以归纳整理应用，使设计性实践教学环节落到实处，避免"走过场"。

（5）完善"学生评教""教师评学""同行评课""师生评管""专家听课检查"的教学质量评价体系，促进教师教"真"功夫、学生学"真"本事。

（6）建立以"用人单位评价培养质量"为核心的教学质量评价体系，通过对用人单位走访、座谈、发放问卷等形式，了解他们对学生的专业水平、业务表现、待人接物、学习能力、协作精神、环境适应能力、实践动手能力和创新能力等方面的评价，听取他们的意见和建议，改进管理运行机制，提高学生培养质量，以期达到应用型本科人才的培养目标。

高校的根本职能在于为社会培养人才，努力为社会多培养好的人才是高校的职责所在。我国正处于经济转型发展的关键期和工业化路径的转型期，必须有大量专业基础扎实、技术实力雄厚、实践能力突出、真正学以致用的高素质应用型人才作为支撑。应用型本科教育可以较好地满足知识经济社会对大量高素质应用型专门人才的需求，并有利于改变本科教育单一化、同质化人才培养的现状，解决大众化高等教育阶段多样化培养模式和发展目标的问题。因此，深入推进创新型应用本科人才的培养模式改革对于深化高等院校的教学改革和培养高质量的应用型本科人才的意义重大而深远。

附录　江苏科技大学生物技术学院本科生全程导师制实施意见（试行）

为了充分体现蚕业研究所、生物技术学院融合发展，倡导本单位各部门在本科生教育和人才培养方面发挥齐抓共管、全员育人的作用，结合本单位实际，特制定本实施意见：

一、指导思想

（1）本科生全程导师制主要是指在本科生 4 年培养的整个过程中，本着因材施教的原则，学院推荐一些教师为学生学业和健康成长提供导向性和指导性服务。

（2）蚕业研究所、生物技术学院在职教师均有义务承担本科生导师制的相关工作。学院优先聘请有经验的教师在师生双向选择的前提下担任本科生的导师。

（3）导师和学生之间采取双向选择的原则。领导小组建立导师库，并组织学生和教师进行双向选择。

（4）本学院本科生实行"三位一体"的管理模式，即学生接受辅导员、班主任和导师的共同管理。学生工作实行以班级为基础的管理，辅导员和班主任一般负责学生思想政治、学习生活等方面的辅导和教育，而导师主要负责学生专业知识和专项能力的培养，并对学生的成长成才过程给予呵护和关心。

二、组织领导

为了加强对本科生导师制的组织管理，学校成立了蚕研所、生物技术学院本科生导师制工作领导小组。领导小组由蚕研所、生物技术学院领导班子、系主任、综合办主任、教务办主任、学工办主任组成，院长任领导小组组长，党委书记任副组长。领导小组具体负责导师的聘任、导师的培训、优秀导师的表彰等工作。教务办具体负责导师资格审核、建立导师库、优秀导师的评选。学工办具体负责学生信息汇总、分配学生、搭建师生互动平台。

三、导师聘任条件

（1）恪守教师的职业道德，为人师表，热爱学生，具有敬业精神。

（2）具有中级以上职称或硕士以上学位的在职在岗教师，凡符合任职条件的教职员工，原则上都应担任本科生导师。

四、导师职责

（1）坚持"以学生为本"和"因材施教"的教育理念，按照学校有关规定和专业培养方案要求，为学生提供指导性、导向性和咨询性意见，帮助学生树立正确的人生观、价值观和社会主义核心价值观，做好学生的学业发展规划。

（2）本科生导师职责的主要内容有：思想引领、选课指导、学习辅导、心理疏导、科研训练、社会实践指导、创新能力培养、论文报告会指导、就业升学指导等。

（3）导师应根据不同年级学生的实际情况和教学目标，围绕学生的健康成长和学业规划给予相应的指导，帮助学生完善学习方法。大一侧重新生转型教育，大二侧重专业引领学习，大三侧重专业学习和创新实践，大四侧重毕业设计（论文）和就业升学指导。

（4）导师应主动联系学生，与学生保持相对稳定的接触。导师应根据师生双方的情况制订工作计划，可以通过集体谈话、组织讨论、个别谈话等方式对学生进行指导，也可以通过新媒体、电话等形式进行指导。面对面指导每位学生一般每两周不少于一次。

（5）导师要加强与学工办、教务办、辅导员、班主任的联系，要收集和反馈学生对教育教学及管理工作的意见，对于需要重点关心的学生，导师可向学院提出工作建议。

五、学生职责

（1）本科生导师制面向全体本科生。学生通过导师制，加强对学科和专业的认识，提高学习的积极性、主动性和针对性，努力培养自己的科研意识和实践技能。

（2）学生要尊重导师，虚心求教，服从导师的教育与管理。认真参与导师确定的各项活动，完成导师布置的各项任务。如实填写指导记录，客观、公正评议导师的指导情况。

（3）学期末由导师对学生进行考核评分，所得分数作为综合测评的依据之一。考核优秀者，在各类评奖评优时，同等条件下予以优先考虑。考核不合格者，将在本学年内不给予任何的评奖评优。

（4）学生在大一第一学期开始选择导师，大三第一学期可以提出导师更换申请。领导小组根据实际情况对其进行导师调整。

六、导师聘任管理

（1）导师的聘任、管理由教务办负责，每学年第一学期为导师聘任期。

（2）本科生导师的聘任采取教师个人申请和教学系、研究室（课题组）推荐的方式，由学院本科生导师制工作领导小组考察认定。

（3）为了有利于导师之间的优势互补、互相协作，学院倡导以导师组的形式指导学生小组。鼓励导师结合工作实际组成导师组，共同指导一个学生小组（5~6人）。导师组一般不少于3名教师，其中青年教师最多2名。导师组组长由高级职称教师担任，并确定一名青年教师为执行导师。

（4）每学年对本科生导师考核一次。考核主要从指导学生的工作态度、指导方法的科学可行性、被指导学生的学业或就业情况、学生对导师的评价等方面综合评价导师的履职情况。

（5）倡导全体教职员工参加导师工作，将导师工作与绩效考核挂钩。学院设立"优秀本科生导师"称号，对工作表现优异、成绩突出的导师，学院给予500元表彰奖励。"优秀本科生导师"以导师组为单位进行推荐，推荐比例为各导师组导师人数的30%。

（6）对于违反师德和学术道德的教师，取消其导师资格。